LEUR REGARD
PERCE NOS OMBRES

Les ouvrages de Julia Kristeva
et de Jean Vanier sont cités en p. 235

Julia Kristeva

—

Jean Vanier

Leur regard perce nos ombres

Échange

Fayard

Jean Vanier remercie Marie-Hélène Aupecle

Site de l'Arche : www.arche-france.org/
Site de Foi et Lumière : www.foietlumiere.org/site/032.html

Couverture : Pablo Picasso :
La lecture, 12 octobre 1971 © Succession Picasso, 2011
© Bridgeman Giraudon
Atelier Didier Thimonier

ISBN : 978-2-213-65469-0

Paris, le 7 juin 2009

Cher Jean Vanier,

« Un peu d'humanité dans un monde de brutes », c'est ainsi que mon David a résumé le récit que je lui ai fait de notre déjeuner, hier, avec les « copains » de votre Arche de Trosly-Breuil. Sa justesse sensible, sa souffrance incisive transforment les clichés en haïkus, et je souris en respirant cette course qu'on appelle une vie. Le « peu » d'humanité, je l'ai pris pour moi, évidemment : mon fils faisait allusion autant à la brièveté de ma visite qu'à ma capacité de me rendre indemne, façon de me défendre de tout et de rien.

Ce séjour de quelques heures seulement a commencé par le déjeuner avec ceux que vous appelez les « copains », ceux qui « partagent le même pain », et – je devais l'apprendre – ceux qui prodiguent la même attention envers des personnes « en situation de handicap », ainsi que les lois les définissent. Des personnes qui soit s'expriment sans langage, rien que par des signes appelant interprétation, soit restent allongées dans des chaises-lits, incapables de se servir de leurs membres et que les « copains » accompagnateurs aident à se nourrir, quand ils ne les nourrissent pas purement et simplement. Paula, Joséphine, Laurence, Marie-Charlotte, Marie

Sandrine, Gasper, Christophe, Nicolas et Georges, vous et moi.

J'étais, je suis, je serai dans votre Arche. La vulnérabilité extrême et les limites de la vie transformées en communauté. Qu'est-ce ?

Personne ne prétend que nous sommes tous pareils, et même les plus mutiques d'entre nous parviennent à faire comprendre, à qui veut bien prêter attention à leur communication infra-linguistique, qu'il y a bel et bien des hiérarchies, des préférences, des dépendances, des étrangetés et des intrusions plus ou moins désirables. Sans que l'échange entre nous s'arrête le moins du monde, tissant la trame croisée de nos biographies, histoires et projets. L'Arche, c'est bien cette alliance-là ? Elle résulte de votre initiative – vous l'avez créée quand, déjà, cher Jean Vanier ? – et de votre persévérance, qui vous donne à tout instant l'âge des pionniers : celui de l'étonnement philosophique et d'une adolescence toujours recommencée.

Au fil du temps se sont joints à vous éducateurs, psychologues et stagiaires. Français, belges, allemands et canadiens. Permanents ou éphémères compagnons de détresse, de survie et de renaissance. La vocation des uns, le service dit civique ou militaire des autres les avaient sauvés de ce tsunami de la performance, de la concurrence et de la consommation qui emporte aujourd'hui la planète, et dont raffolent les modernes.

Singuliers, incommensurables, nous étions tous, et chacun à sa façon, des déracinés de la certitude, des exilés de l'appartenance, à l'écoute de l'étrangeté en nous-mêmes et de la vulnérabilité du plus proche. Sans emphase, aucune pitié, pas de compassion non plus – si vous permettez de vous confier ce que j'ai ressenti. C'est surtout cela qui m'a bouleversée, cher

Jean Vanier : cette *proximité* que mon David appelle une « humanité » et à laquelle je crois avoir participé « un peu ». Un peu, parce que ce n'est pas facile d'être à proximité intime de l'irréparable blessure physique et mentale.

Je dis bien « proximité », c'est-à-dire sans la peur d'être envahi(e) par la déficience. Sans le rejet, conscient ou inconscient, de la présumée détresse d'autrui, que le rejetant éprouve comme un dégoût du rejeté. Sans l'enjolivement non plus, qui zappe la peur et le dégoût, les déguise en je ne sais quel signe d'élection surnaturelle. Rien de tout cela, humain trop humain, que nous connaissons tous à l'endroit du divers, de l'étrange, du hors-norme. Non. L'humanité de votre Arche à vous ne dénie ni n'exalte l'irréparable défaillance. Vous vous contentez, si j'ose dire, de l'accueillir parce qu'elle résonne avec les blessures de chacun : aujourd'hui mineures, hier dramatiques, mais prêtes à revenir demain ; supportables à la lumière du jour, peut-être, mais catastrophiques à la tombée de la nuit et dans les cauchemars – ces indélébiles blessures, vos « copains » les auraient-ils apprivoisées ?

Par la grâce de quelle alchimie, spécifique à chacun des copains voyageurs de l'Arche (éducateurs, psys, accompagnateurs divers) et des copains résidents (le mot « handicapé », que personne n'ignore, n'est pas de mise dans l'art de vivre de l'Arche), ces failles apprivoisées se sont-elles allégées en soin, efficacité, curiosité psychique, recherche intellectuelle, vision politique (eh oui, certains l'ont dit) : en définitive, en projet de vie ?

C'est du moins ce que les « copains » m'ont laissée percevoir et comprendre. Sans cacher la fragilité de votre radeau : les abandons, les conflits, le manque de soutiens et de perspectives, en somme la tragédie (c'est moi qui le dis) d'un quotidien qu'ils épurent en endurance tout compte fait lumineuse. Comment faites-vous ?

Je ne suis pas sans avoir quelques idées en ce domaine, vous vous en doutez, et je ne vous adresse pas ces questions par fausse modestie. Je sais comment j'aurais fait, moi, avec la psychanalyse et l'engagement éthique de ceux qui ont « coupé le fil de la tradition » et ne misent pas sur la transcendance ! Je connais le dévouement de l'instituteur qui fait l'honneur de la République et j'admire la compétence et la finesse des équipes qui assurent de mieux en mieux l'intégration – non : l'*interaction* – des personnes en situation de handicap. Pourtant, je ne suis pas sûre d'avoir observé ailleurs des liens aussi respectueux et amicaux que ceux créés entre résidents et intervenants à l'Arche, et encore moins de pouvoir les obtenir avec mes moyens et dans le contexte actuel. Mais vous ? Comment avez-vous fait pour trouver, recruter, former, fidéliser ces copains pour vos « copains » ?

Ne me dites pas que vous avez, qu'ils ont la foi et que c'est tout : je le sais. D'ailleurs, ils ne sont pas tous cathos, ni même croyants. Alors ? C'est votre foi à vous, que vous ne cessez d'adapter à l'irrémédiable, qui serait au fondement de cette alliance dite Arche ? Une foi héritée de la Bible et des Évangiles, affinée dans votre parcours de fils de militaire ambassadeur, enfant de la Seconde Guerre et qui traverse les frontières suisse, anglaise, canadienne, française... Vous vous engagez dans la marine royale britannique, vous voilà officier, puis étudiant de philo et de théologie, thésard sur Aristote, enseignant à l'université de Toronto. Vous suivez le père dominicain Thomas Philippe au « Val Fleury » de Trosly, une petite maison qui deviendra *l'Arche*, créez « Foi et Lumière » avec Marie-Hélène Mathieu, mais aussi « Intercordia » qui encourage les étudiants à vivre des expériences interculturelles avec les pauvres dans les pays en voie de développement…

Je sais bien que vous ne me direz pas tout. Personne ne dit tout, ni à son analyste ni même à Dieu. Si je fais quand même la naïve en vous posant ces questions et, j'espère, bien d'autres qui vont suivre, c'est parce que je poursuis pour ma part un projet voisin – vous m'avez presque dit que ce n'est qu'une illusion, à l'heure actuelle et pour longtemps, mais pourquoi pas, essayons. On y va ! semblait dire la lumière rieuse de vos yeux.

Il s'agit d'un « idéal » (j'assume la prétention utopique de ce mot) qui rencontre le vôtre et qui m'a fait organiser, avec mon ami Charles Gardou et quelques autres, les états généraux des personnes handicapées, en mai 2005, dans la grande salle de l'Unesco, à Paris. Pour changer le regard sur les personnes en situation de handicap, rien de moins : vous souvenez-vous des publicités éducatives que Serge Moati nous avait préparées pour les télés publiques, en amont de l'événement ? Deux mille personnes, la salle ne peut en accueillir que mille deux cents, on place les autres ailleurs, devant de grands écrans. Pour la première fois, nous essayons de réunir deux mondes impitoyables : ceux qui ne sont pas handicapés et ceux qui le sont. Tous handicaps confondus, et des plénières non pas sur leurs déficits (moteur, sensoriel, psychique ou mental), mais sur les divers thèmes de la vie : vie familiale, affective et sexuelle ; vie scolaire ; vie professionnelle ; vie culturelle ; vie sportive ; recherche et éthique ; polyhandicap.

J'avais, j'ai toujours l'ambition de réunir sur ce chantier, puisque c'était un « chantier républicain », toutes les sensibilités politiques et religieuses : la droite et la gauche, les juifs, les cathos et les musulmans... Vous avez répondu, et nous nous sommes rencontrés pour votre intervention sur la vie familiale et affective des personnes en situation de handicap.

Et puis, la nouvelle loi Handicap a été votée. Des décrets suivent. Les Maisons départementales du handicap sont créées, plus ou moins virtuelles, plus ou moins efficaces. « Le soufflé est retombé », dit David, mais je réponds : « Ça va dans le bon sens. » J'ai appris à dire cette formule pour ne déranger personne sur ce terrain hypersensible, tout en faisant entendre que la détresse suit son cours : insidieusement, en bricolant plutôt moins que plus, au fil du temps qui passe, après le fameux « chantier républicain », et sans issue. Tous les concernés, les personnes handicapées et leurs parents, ainsi que les divers intervenants, s'accordent à dire que, justement, « le regard tarde à changer » ; autant dire : ne change pas vraiment.

Car, pour le changer, il faut changer de civilisation. Rien que cela. Il nous manque, cher Jean Vanier, une Arche politique pour piloter cette mutation qui nous paraît indispensable, à vous et à moi, à propos des personnes en situation de handicap, des « copains ». Tâche épochale, car avec elles et eux, et au-delà, la mutation dont il s'agit concerne l'idée que nous nous faisons de ce qu'humanité veut dire.

Vous et moi, nous abordons cette immense question à partir de la plus redoutable des exclusions : le handicap. Lequel ne confronte pas le pacte social à ces exclusions que – depuis les Lumières et jusqu'à la Déclaration des droits de l'homme de 1948 – les démocraties ont appris à intégrer, avec le succès et les crimes que nous connaissons, mais quand même :

exclusions sociales, religieuses, ethniques, raciales. Avec le handicap, le pacte social est confronté à la peur du déficit, à la blessure narcissique ou à la castration (divers termes techniques viennent à la rescousse et échouent à spécifier l'exclusion dont il s'agit), et, à travers ces irrémédiables, le handicap nous confronte à la mort physique et psychique, à la mortalité qui est à l'œuvre en nous.

L'humanisme, qui avait l'ambition de placer l'Homme à la hauteur de Dieu, s'est bâti en censurant, en évacuant cette vulnérabilité inhérente à l'espèce humaine et à laquelle il nous faudra revenir, chacun de nous selon notre philosophie et nos connaissances. Une vulnérabilité qui, pour moi, est la résultante inéluctable et incalculable des hasards et des nécessités biologiques et sociales. Deux voies s'ouvrent face à elle : la recherche scientifique et sa capacité de remédier demain à ce qui est aujourd'hui irrémédiable ; une éthique capable de cohabiter avec la limite et avec l'impossible.

L'humanisme s'efforce de soigner le handicap par le progrès scientifique et par un accompagnement social responsable et personnalisé. Mais il n'est pas capable de soutenir ce travail de soins au long cours par une philosophie intégrant la vulnérabilité endogène des êtres vivants en général et de l'être humain en particulier. En effet, placés au carrefour de la psyché et du soma, les humains sont à la fois plus exposés que tous les autres vivants aux aléas du processus biologique, mais aussi aux catastrophes du lien social, et mieux capables de transformer ce déséquilibre constitutif en créativité psychique et physique.

Qui serait capable d'élaborer cette philosophie qui donnerait sa place à la limite, à l'impossible, à la vulnérabilité endogène ? Des petits groupes ? Puisque les grands groupes, et l'État lui-même, sont par définition plus facilement et sans contrôle possible voués au sadomasochisme (certains psys le soutiennent), donc plus mortifères, en définitive, et à la limite plus eugénistes ? Les ONG, les mécènes privés, la libre entreprise à l'assaut du marché du handicap pas si juteux que cela, tout compte fait ? N'y pensons pas ! Ou, au contraire, pensons-y : ils le pourront, mais en « se moralisant », comme on dit aujourd'hui pour les finances ; ce qui n'est pas évident…

Il reste la religion, les religions, les spiritualités : lesquelles ? Leurs éthiques : lesquelles ? Face à l'*Homo sapiens* actuel, boosté à « performer » et à « consommer », et qui ne veut pas se savoir *vulnérable* ? Ne me dites pas que ce mot, avec lequel j'essaie de rapprocher l'univers impitoyable des non-handicapés du monde fermé de ceux qui le sont, est une manière *politically correct* de parler de votre « péché ». Je cherche à ouvrir les esprits et les corps-cœurs aux frontières des vivants que nous sommes, que vos « copains » éprouvent de manière paroxystique, et que chacun de ceux qui n'en sont pas peut subir à un moment donné de sa vie ou de celle de ses proches.

La crise économique aidant, le « chantier républicain » du handicap a disparu : aujourd'hui j'ai du mal à poursuivre l'illusion de pouvoir faire « changer le regard » sur le handicap autrement que pour les concernés comme vous et moi ; ou bien par lettres, comme celle-ci. Pendant le retour en train de Compiègne à Paris, l'idée m'est venue de continuer à y penser à deux, avec vous, cher Jean Vanier. Vous, avec votre foi en ces personnes handicapées dans lesquelles vous aimez des créatures divines. Moi, avec mon pari sur les politiques publiques et les personnes handicapées comme sujets politiques d'un humanisme à réinventer.

La nuit tombe maintenant, je suis fatiguée par ce dimanche que j'ai consacré à mon « Avis au Conseil économique et social sur "le message culturel de la France et la vocation interculturelle de la francophonie" » (tenez, un autre sujet qui nous rapproche ?), et cette lettre devient par trop théorique. Encore une manière de me défendre de mes propres souffrances et déficits, David a raison. J'arrête pour l'instant, je finirai demain…

Julia.

Le Martray, Ars-en-Ré,
le 10 juillet 2009

De crise en crise, cher Jean, et je n'oublie pas celle des universités, je me suis beaucoup impliquée dans mon « Avis sur le message culturel de la France » : ne suis-je pas une enfant de l'Alliance française ? Je continue à payer ma dette à la France, et j'y crois... Bref, je reprends ma lettre que je ne vous ai pas encore envoyée. Un mois après l'avoir commencée. Je la reprends, ici, au bord de l'Atlantique, et le clocher d'Ars, l'amer dressé devant ma fenêtre, de l'autre côté du Fier, me rappellent à notre proximité. Pardonnez-moi ce retard, cette coupure...

J'enrage parce qu'une mauvaise nouvelle vient de tomber : un « lieu de vie innovant » que la Mairie de Paris avait promis pour David et quelques-uns de ses copains vient de tomber à l'eau. Après huit ans de promesses, d'interruptions et de faux départs, le maire vient de me dire que « ça se fera, c'est sûr, mais... en 2013-2014 » !!! Et où vivront ces jeunes, entre-temps ? « Il vaut mieux s'adresser... au privé, au monde associatif, ...aux religieux par exemple, surtout aux religieux, vous voyez, que nous aidons par ailleurs. » Oh, je la vois bien, la franchise de l'impuissance humaine et publique ! Je m'y attendais, depuis le temps que cela dure, mais j'espérais être surprise, vous comprenez ? Nous sommes là en plein dans le sujet, n'est-ce pas ? Je n'ai pas la force d'en dire plus long maintenant, nous aurons sans doute l'occasion d'en reparler.

Avant de finir, je voudrais évoquer deux moments qui, après le repas, ont marqué pour moi cette journée avec vous à l'Arche.

Je revois la fumée des pneus qu'avaient brûlés les ouvriers licenciés de Continental, à Clairoix, vos voisins, que nous avons croisés en allant à la gare. Autre crise, celle des sans-emploi et de l'irrémédiable chute du pouvoir d'achat. Est-elle si étrangère à nos soucis ? Et si elle trouvait ses racines dans la même ruée vers le surhomme hyperconsommateur et superperformant, niant ses propres limites et celles de la planète ?

Je vous ai offert un livre, découvert au cours de mon dernier voyage aux États-Unis au printemps : *The Disabled God,* de Nancy L. Eiesland[1]. L'auteur, une militante handicapée de la cause des handicapés, et qui vient de décéder, y a développé l'idée que le christianisme est le mieux placé pour accompagner la vulnérabilité humaine, puisque Jésus serait, selon elle, le seul dieu handicapé que les humains aient jamais connu : n'apparaît-il pas à ses apôtres, même après sa résurrection, tout couvert de plaies, autrement dit avec un corps endommagé, *unpaired body* ?

Vous n'avez pas eu l'air trop surpris par cette thèse à mes yeux assez inhabituelle, puisqu'elle préfère oublier d'autres courants chrétiens qui lient « handicap » et « faute », bien que les œuvres caritatives aient été des pionnières dans la prise en charge des pauvres, des malades et aussi des handicapés –

1. *The Disabled God : Toward a Liberatory Theology of Disability*, Abingdon Press, 1994.

mais sans en reconnaître la spécificité, comme feront les Lumières avec Diderot.

Quoi qu'il en soit, j'aime cette vision du Christ comme un « dieu handicapé » : elle n'aurait pas déplu à Nietzsche, mais ce n'est pas une révolte nietzschéenne que je découvre dans le livre de N. Eiesland, au contraire : je salue plutôt l'audace de cette femme handicapée qui, par-delà le catholicisme triomphant, sans doute dans je ne sais quelle variante de la foi protestante qui semble être la sienne, s'approprie la figure du Christ pour se persuader – et nous persuader – qu'il ne peut y avoir de corps glorieux ni de souveraineté spirituelle, voire politique, sans que ce corps et cette spiritualité se découvrent et se reconnaissent vulnérables, donc potentiellement handicapés.

Aujourd'hui, après tant d'inquisitions, procès en sorcellerie et intégrismes divers qui continuent à sévir plus ou moins ouvertement, vous le savez, eh bien, les diverses Églises chrétiennes semblent prêtes à accepter une telle théologie de la vulnérabilité – qu'en pensez-vous ? Ce qui les rend plus convaincues, plus convaincantes et plus efficaces encore dans leur action humanitaire, c'est évident. Pour ma part, je me demande : si Dieu Lui-même se reconnaît handicapé pour devenir solidaire des handicapés en sursis que nous sommes, quel corps social, instance politique, État ou groupe d'États (le G7, le G8, le G20 qui accaparent depuis hier les écrans ?) pourrait briser l'armure de sa volonté de puissance, aussi obstinée qu'elle s'avère virtuelle et sans prise réelle sur les exclusions, et qui court droit vers l'eugénisme ? Quelle instance politique serait capable de se reconnaître handicapée dans son essence pour que l'action publique puisse s'ouvrir à un véritable humanisme de la vulnérabilité solidaire ?

Il suffit de poser la question pour s'apercevoir de l'aporie politique face au handicap et, plus fondamentalement, de l'incapacité de la politique à refonder l'humanisme à elle toute seule. C'est vous dire aussi, cher Jean Vanier, que nos soucis nous lient aux plus proches tout en ayant aussi des résonances vertigineusement ambitieuses, dépassant nos moyens et nos forces. Mais, tout d'abord, c'est votre expérience et celle de l'Arche que j'ai envie de mieux connaître, pour qu'elles me soutiennent au quotidien. Et pour partager nos échanges avec mes amis agnostiques ou athées, engagés comme vous, mais selon d'autres approches que vous, et animés par le même souci de soins et de respect pour les plus vulnérables.

Je vous embrasse avec affection et espoir,

Votre amie,

J.K.

Trosly-Breuil, 15 juillet 2009

Chère Julia,

Je reçois ta lettre comme un cri.

Le cri de la maman de David, le cri d'une psychanalyste aussi, le cri d'une femme connue dans le monde social et politique, et tout simplement le cri d'une femme ; cela me rejoint ou plutôt cela rejoint mon cri. C'est le cri que j'ai senti mille et mille fois en Irlande du Nord, ou face au mur entre Juifs et Palestiniens. Le cri que je ressens dans l'histoire que Jésus nous donne autour de Lazare et du riche. Ces murs que nous créons autour de nos cœurs pour empêcher l'autre et surtout l'autre *différent* d'entrer en nous. Ces murs montent en moi, en face de celle ou celui qui me dérange, qui attaque ma liberté, me contredit, a des certitudes ou des compulsions différentes des miennes. Ce mur qui sépare les gens bien et dignes des gens affaiblis (ayant une main avec seulement deux doigts, ou une anomalie de chromosomes, ou une difficulté à parler ou entendre), est bien le même mur qui sépare Israël de la Palestine. Ces murs sont-ils infranchissables, impossibles à abattre et à raser, ou y a-t-il en eux de petites fissures qui nous font espérer qu'un jour, oui, un jour, il soit possible de se rejoindre comme des humains ? C'était le rêve de Martin Luther King : le rêve d'une fraternité vraie où il n'y aurait plus un groupe qui se croit l'élite et un autre groupe méprisé ou utilisé, mais des personnes ensemble.

Derrière les murs il y a la peur. Tous les ans, il y a 150 jeunes de quinze à dix-sept ans qui viennent passer une journée à l'Arche. Le but ? Les aider à rencontrer des personnes en situation de handicap dans les foyers et dans les ateliers. On demande à tous ces jeunes d'écrire une évaluation de leur journée. Nous avons donc toutes leurs réponses, lesquelles commencent le plus souvent par : « J'ai eu très peur de venir à l'Arche, j'ai eu très peur de rencontrer des personnes ayant un handicap. » La rencontre simple et vraie avec les personnes en situation de handicap dans nos ateliers ou dans nos foyers a fait tomber cette peur.

Cette peur, c'est la peur de la différence, la peur de ne pas savoir comment communiquer, mais aussi la peur de ces mythes entourant les personnes avec un handicap, qui suggèrent qu'elles peuvent être violentes, dangereuses ou sexuellement perverses. Comment faire tomber les murs, comment faire disparaître la peur ?

Oui, j'ai été heureux que tu sois venue à l'Arche, c'était bon de te voir avec chacun. Il y a en toi une écoute, une curiosité, une recherche, peut-être ai-je aperçu en toi l'enfant derrière l'intellectuelle ou la psychanalyste, une femme qui n'est pas enfermée dans des certitudes, une femme vulnérable. Tu as découvert un tout petit coin de cette grande Arche qui a vu le jour parce que toute personne en situation de handicap ne désire pas vivre toute sa vie exclusivement avec des professionnels, des éducateurs spécialisés, des auxiliaires de vie. Ces personnes veulent vivre avec des amis, c'est-à-dire avec des gens qui prennent plaisir à vivre avec elles. Mais, tu sais, cette Arche apparemment si simple est d'une immense fragilité. Elle est si fragile que j'en viens à poser la question : existera-t-elle encore dans dix ans ? Il y a beaucoup de personnes en situation de handicap, mais si peu qui veulent vivre avec elles ! Alors, comment expliquer que ces communautés si fragiles existent tout de même depuis quarante-cinq ans et qu'aujourd'hui on en dénombre cent trente-cinq, et une dizaine de nouvelles prêtes à voir le jour ? Oui, chaque communauté est vulnérable à l'instar des personnes que nous y accueillons. Alors, quel est le secret qui permet à l'Arche d'exister encore ? Je vais te le dire : *c'est le plaisir.*

Aristote ne distingue pas plaisir et joie (moi non plus), les deux mots recouvrent chez lui la même réalité. Il s'agit d'un épanouissement qui accompagne toute activité « non entravée ». Oui, le secret de l'Arche, je le répète, c'est le plaisir. S'il y a des gens qui viennent vivre à l'Arche et y demeurent un mois, un an ou une quarantaine d'années, c'est qu'ils y sont heureux et y éprouvent du plaisir. Aucun assistant ne reste ici par devoir, parce qu'« il le faut ». Aucun n'y reste pour faire une « bonne action ».

Nous sommes confrontés à un problème, dans notre société : nul ne croit que le plaisir à l'Arche est possible. Les gens pensent que, pour rester à l'Arche, il faut être une sorte de héros, un saint. Mais ce n'est pas vrai : on reste à l'Arche parce que cela nous plaît. Beaucoup d'assistants partent malgré le plaisir qu'ils y ont connu, parce qu'ils ont été formés, comme tu le dis, dans une société gouvernée par le désir de « la performance, de la concurrence et de la consommation qui emportent aujourd'hui la planète et dont raffolent les modernes ». Cette « tyrannie de la normalité » est enseignée dans la famille (mais pas avec le nouveau-né), puis à l'école, enfin partout dans le monde du travail et à travers les médias. Ce désir fait des ravages chez beaucoup de personnes en situation de handicap, chez les personnes très âgées et chez de nombreux pauvres. La « tyrannie de la normalité » les affaiblit encore plus. Les assistants qui partent ne peuvent pas croire que le plaisir qu'ils ont connu ait du poids face à cette tyrannie. Leur plaisir paraît irréel, reçu d'un autre monde trop fragile, il a le goût du ciel, d'une béatitude, d'une utopie.

J'ai récemment parlé aux parents des élèves d'un grand lycée parisien. Je leur ai avoué qu'un de nos problèmes, à l'Arche, c'étaient les parents des assistants : ils sont ravis si leur fils ou leur fille fait une expérience à l'Arche, mais s'il ou elle envisage d'y rester toute sa vie, ah non ! Beaucoup de jeunes ont du mal à être libres par rapport aux aspirations de leurs parents.

Quel est ce plaisir profond, caché, épanouissant, qui transforme les visages des nouveaux assistants en visages épanouis de sourire, et qui reste pourtant si fragile devant les désirs de normalité ? Ce plaisir, qui est d'ordre spirituel, intérieur, jaillit de la rencontre, d'une vraie rencontre avec des personnes faibles, une rencontre qui devient peu à peu une forme d'amitié. Cette amitié permet à l'assistant de se découvrir, de découvrir sa vraie personnalité derrière le mur qu'il a été obligé de dresser pour être « normal ». Il peut être lui-même avec ses propres faiblesses et ses forces. Il n'a nul besoin d'être performant ; le mur enserrant son cœur tombe au moins pour un temps. Les « faibles » ne sont plus alors des gens à mépriser, à ignorer, mais des personnes à respecter, des sujets avec qui on peut entrer en communion. Cette expérience, tu dois la vivre toi-même avec certains patients : la joie inexprimable de la rencontre entre deux personnes, et la découverte que, toi, tu peux donner la vie et aider l'autre à devenir un ressuscité.

J'ai vécu cette joie avec Éric, un jeune aveugle et sourd, affligé d'un lourd handicap. Il avait été placé en hôpital psychiatrique dès quatre ans. Il est venu à l'Arche à l'âge de seize ans. Je n'avais jamais décelé autant d'angoisse chez une personne. Il ne savait pas qui il était. Chez nous, peu à peu, il a trouvé la paix. J'ai vécu avec lui quand j'ai quitté la direction de la communauté. Il était si pauvre, il avait besoin d'une relation vraie. Il a éveillé en moi ce qu'il y a de plus beau, de plus humain.

Une telle amitié avec le faible bouleverse totalement notre vision de la société. Peu à peu elle se fortifie, devient source de transformations après bien des luttes. C'est la lutte de Jacob avec Dieu, la lutte avec les ténèbres. Il y a bien sûr des bagarres, des conflits, des moments de dépression. De la même manière, on ne peut être psychanalyste qu'après avoir traversé bien des luttes avec les ténèbres, comme on ne peut bien jouer du piano qu'après nombre d'années de pratique, de discipline et de travail avec un maître. Le plaisir jaillit toujours d'une lutte. Plus la lutte a été forte, plus grand est le plaisir.

C'est pour cela que l'Arche est par excellence le lieu des sourires. Ce plaisir se révèle aussi dans les mille et mille célébrations que nous y vivons. Nous cherchons à exprimer la joie de vivre ensemble entre humains tous différents dans nos capacités et nos incapacités, nos faiblesses et nos forces. Rire et chanter ensemble, danser, faire les fous (pour cela nous sommes experts !), célébrer les anniversaires, les arrivées, les départs, les dix, vingt, trente ans de présence à l'Arche, célébrer la mort (même cela), et bien sûr fêter Noël et Pâques. Les assistants restent longtemps à cause du plaisir qui s'enracine en eux. Ils découvrent là non pas une utopie, mais un appel, un trésor qui donne sens à leur vie, sens à leurs luttes. Nous autres humains sommes faits pour la rencontre, la rencontre comme fin en soi, non pour montrer sa force ou sa grandeur (l'amitié utile ou la rencontre qui est flatterie mutuelle). Une rencontre semblable à celle d'une mère avec son petit quand elle contemple ses yeux pétillants, l'éveil de ses sourires. Une rencontre qui dit l'humain. Dans une vraie rencontre, on voit les yeux de l'autre, on touche son corps avec révérence, on entend le son de sa voix, on est si loin des prétendues rencontres sur Internet ! On découvre ainsi que les murs entre gens différents commencent à s'effriter, laissant place à un désir de communion. Alors nous devenons des artisans de paix. Nous ne pouvons pas faire grand-chose pour abattre les murs qui cernent la Palestine et divisent l'Irlande, etc., mais nous pouvons créer des îlots qui chantent la paix.

Julia, reviens célébrer avec nous !

Et puis, on découvre le Dieu vulnérable, un Dieu angoissé, son corps couvert de plaies au cœur de l'univers. Trop longtemps on a empli nos têtes de ce Dieu tout-puissant mais apparemment incapable d'entendre le cri de tous les pauvres. Dieu ne nous envoie pas des ordres, à nous humains. Il veut donner Sa présence, qui crée le plaisir, je dirais même la réjouissance. C'est à nous, humains, d'œuvrer pour la justice, de donner du pain aux affamés, d'héberger les sans-abri. Ce n'est pas la faute de Dieu s'il y a toutes ces divisions et ces souffrances ; il nous a été donné une intelligence, un cœur, un esprit. Arrêtons la course aux honneurs, à la performance, à l'excellence qui ne sait que déboucher sur la lutte !

Ouvrons nos cœurs aux faibles qui crient, alors la paix redeviendra possible. Au lieu de nous tourner vers le Dieu humble et caché, vulnérable, nous préférons hélas nous battre pour une gloire et des honneurs qui descendent avec nous dans la terre des cimetières.

Ce Dieu humble est caché dans la région la plus profonde et la plus intime de nos cœurs. Il se révèle comme un souffle frêle, la voix intérieure de notre conscience humaine. C'est cette conscience qui nous lie à tous les autres humains. Par elle nous faisons partie de la grande famille humaine. Mais comment libérer cette voix ?

Dans une autre lettre, j'aimerais parler du rôle de la politique et des lois dans la création d'une nouvelle civilisation plus fraternelle. C'est le sujet sous-jacent à toute ta lettre. Cela nous mènera sur la route de l'humain, de la maturité humaine. Le cœur humain est-il source d'émotions passagères et superficielles provoquant la dépendance et rendant l'autre esclave ? Ou est-il source d'une vie cachée, bloquée derrière nos murs et nos angoisses ? Une vie à libérer pour libérer les autres afin qu'ils deviennent pleinement eux-mêmes. En tant que psychanalyste, tu dois avoir plein de choses à dire là-dessus…

Avec toute mon amitié,
et j'espère à bientôt,

Jean.

Le Martray, Ars-en-Ré,
le 10 août 2009

Cher Jean,

Ce mot « cri » a franchi la distance du vouvoiement que je m'étais imposé. Bien sûr, je n'ai pas attendu aujourd'hui pour accueillir ton art de la rencontre et ta façon britannique de dire « tu » (bien différente du tutoiement mi-soixante-huitard, mi-*globish* des « potes » français), qui me faisaient souvent oublier le « vous » d'estime et glisser subrepticement au « tu » complice. Maintenant, nous sommes ailleurs…

Je ne crie jamais, je ne pleure plus, il m'arrive d'être affreusement triste, mais uniquement en tête à tête avec moi-même, et seul David, qui a l'oreille absolue et le cœur musical comme son père, entend ces chagrins souterrains dans ma voix, lit leur partition dans mes yeux. Eh bien, puisque tu viens à la rencontre des régions intimes et protégées, que LA RENCONTRE soit : de toi à moi, de moi à toi, pendant que nous parcourons les terrains des combats qui nous rassemblent !

Il n'est pourtant pas nécessaire, soit dit en passant, de se dire « tu » pour dire vrai. Je vouvoie mes analysants et ils me vouvoient : cette limite n'empêche nullement de faire entendre le cri. Au contraire, à l'abri de la familiarité, le « vous » offre, à ceux qui me font confiance, la politesse de la bienveillance ; et bien que la vie moderne joue à la transparence et fabrique des notoriétés passagères qui ne nous épargnent pas, c'est à mon écoute *neutre* et protégée par la déontologie d'un *pacte* qu'ils adressent douleurs et joies.

Car, tu le sais, l'entre-« tu » est fait aussi pour tuer, mais pas entre toi et moi : grâce à Dieu, en ce qui te concerne, et, quant à moi, parce que je crois savoir me dépassionner (après tant d'années d'analyse côté fauteuil et côté divan !). Enfin, j'ai beau savoir qu'on se tutoie facilement de nos jours dans les communautés catholiques et avec leurs « compagnons de route », j'adhère à ce « tu » qui t'est venu spontanément parce qu'il brise les conventions sociales, y compris celles du contrat analytique, et, en nous soustrayant aux hiérarchies croisées et aux soins plus ou moins réciproques, il nous situe dans ce que ta lettre appelle la « rencontre » : une expérience mystérieuse, au fond, sur laquelle je voudrais revenir dans cette lettre. Pour aller du côté du « cri », justement, où j'entends aussi ta foi dans le Christ. Peut-être même un espiègle clin d'œil à mon patronyme, KRISTEVA, qui veut dire en fait « de la Croix », plutôt qu'il ne renvoie à celui qui est oint, le Messie.

Quelle est donc cette rencontre à laquelle tu nous convies, où l'humanité serait capable de se montrer dénudée jusqu'à son inquiétante vulnérabilité devenue enfin partageable ? Tu l'appelles une « rencontre avec l'autre différent », dont nous sommes séparés par le « mur de la peur », et tu penses que c'est « le même mur » qui, par exemple, sépare Israël de la Palestine. Est-ce le même ? Les personnes en situation de handicap sont-elles l'objet des mêmes conflits, exclusions, persécutions, angoisses, rejets, violences, injustices, etc., répandus par les guerres politiques, sociales, ethniques ou religieuses qui dressent des populations les unes contre les autres depuis la nuit des temps, et qui risquent aujourd'hui encore de déclencher un désastre atomique ? Permets-moi, cher Jean, de ne pas te suivre sur ce plan, et donne-moi l'occasion d'ausculter nos différences (comme tu le feras, j'en suis sûre, de ton côté) pour mieux agir de concert.

Nous pourrions reprendre dans une prochaine lettre la discussion sur les horreurs que subissent les populations dans les guerres entre catholiques et protestants en Irlande du Nord, ou entre Juifs et Palestiniens au Proche-Orient : sur leurs enjeux complexes, leurs causes enchevêtrées, les irrémédiables préjudices et les handicaps de tous ordres qu'elles génèrent. Nous pourrons repenser, si tu veux bien, chacun à sa façon, à ces sujets poignants que tu évoques rapidement : la lutte de Jacob avec Dieu, par exemple, et ses conséquences sur… le nerf sciatique – un handicap de plus ! J'aimerais aussi revenir sur les différences entre, d'une part, l'approche caritative du handicap, que tu as conduite à un apogée à ma connaissance sans précédent, et qui réunit tous les exclus dans la catégorie des « pauvres » héritée de Matthieu, XXV ; et, d'autre part, la philosophie des Lumières, avec Diderot en particulier, qui réhabilite le sujet politique comme sujet de droit chez la personne invalide. Aujourd'hui, je voudrais m'arrêter sur ton extraordinaire accueil des personnes handicapées que tu appelles « rencontre » et sur le « plaisir » qui l'entoure.

Tu m'écris que la peur éprouvée devant les divers handicaps (sensoriel, moteur, psychique ou mental) provient du « mythe » selon lequel les personnes qui en souffrent seraient « violentes, dangereuses ou sexuellement perverses ». Penses-tu vraiment que « la peur de la différence » soit la même face à la personne en situation de handicap que face à d'autres « différents » ? Les catégories de « différents » et d'« autres » me paraissent trop générales, impuissantes à rendre compte de cette exclusion impartageable qu'est le handicap, et qui se décline de surcroît en autant de singularités incommensurables qu'il existe de personnes handicapées. Bien que les « mythes » construits par l'ignorance et la peur au sujet des handicapés puissent paraître semblables aux mythes racistes, par exemple, il s'agit – dans la situation spécifique de la personne porteuse d'un handicap – d'une peur autrement plus insurmontable, et d'une exclusion pas comme les autres. Pourquoi ?

Parce que (pardonne-moi de me répéter), face au handicap, la personne valide est confrontée aux limites du vivant, à la peur du déficit et, en définitive, à la menace de mort physique ou psychique. Le handicap éveille de ce fait une angoisse catastrophique qui entraîne à son tour des réactions défensives de rejet, d'indifférence, d'arrogance, quand ce n'est pas la volonté d'éradication par l'euthanasie. Suite aux combats contre le racisme et l'antisémitisme menés depuis au moins deux siècles, les démocraties avancées semblent « vaccinées » contre les crimes d'eugénisme racial ou social que les nazis perpétrèrent contre les Juifs et les Tsiganes. Je sais bien que le « vaccin » n'est pas toujours efficace, loin s'en faut, et le présent comme l'avenir nous réservent des surprises d'intolérances inadmissibles. Il n'en reste pas moins que nous trouvons « naturel » de lutter aujourd'hui contre ces dangers, nul ne s'étonne en tout cas si tu t'engages dans la défense de ces

« communautés » ou « minorités ». En revanche, si tu milites pour « changer le regard sur les handicapés », tu n'échappes pas à la question embarrassée : « Mais pourquoi ? Toi-même… tu es concerné ? Ah, je ne savais pas… Quelqu'un des tiens ? » Notre combat, cher Jean, n'est pas « normal » : c'est comme ça, tu le sais. Les parents de tes assistants te le disent : seul un saint peut vivre toute sa vie avec « ces gens-là » – tes *copains* –, pas notre fils ou notre fille : un peu de dévouement, c'est bon, c'est noble ; mais toute une vie, non, impossible, quel malheur ! Ou alors ce serait un sacerdoce !

L'approche caritative du handicap – la tienne tout particulièrement, qui dépasse le respect en développant l'« amitié » jusqu'à l'« amour » et le « plaisir » (dis-tu) avec les personnes en situation de handicap – opère une véritable révolution dans les mentalités, on ne le reconnaîtra jamais assez : c'est le fondement même de l'humanisme. Cette révolution n'a pas seulement du mal à devenir universelle autrement que comme un vœu pieux, elle risque de s'effondrer totalement sous la poussée des techniques reproductives. Dans dix ans, l'utérus artificiel produira des « enfants parfaits » et on ne verra pas pourquoi tous les « ratés » de naissance ou par accident auraient droit à l'aide sociale : est-il vraiment logique de donner de notre argent et de notre temps pour entretenir l'irréparable ? Ce genre de raisonnement existe, nous le savons, et j'ai même entendu récemment à la télévision, à New York, que certains n'hésitent déjà pas à le mettre en pratique : le père d'un enfant autiste se plaignait de son assurance (cet homme avait la chance de pouvoir s'en payer une) qui ne voulait plus rembourser le traitement et la prise en charge de son fils sous prétexte que ceux-ci ne faisaient qu'entretenir le handicap sans arriver à le supprimer ! Tu imagines : l'assureur venait de découvrir que le handicap n'est pas une maladie, peut-être même pas une « maladie orpheline » (comme on dit quand on ne la connaît pas encore), et surtout que « ça » ne se guérit pas, ou guère, en tout cas pas vraiment – alors, à quoi bon… ?

En France, nous n'en sommes pas là, pas encore, et heureusement. Après Diderot, l'humanisme moderne a ouvert la voie à l'accompagnement éducatif et psychologique, ainsi qu'à la recherche médicale, qui ne cesse de contribuer à mieux diagnostiquer les divers handicaps, à diversifier les soins qui permettent un meilleur épanouissement, voire des évolutions significatives des personnes et de leurs capacités d'interaction sociale, et à accroître le rôle de l'État et de la solidarité nationale dans ce domaine. On est loin du compte, de nouvelles menaces se profilent, mais les choses avancent aussi : restons optimistes !

Cependant, arrivé à ce stade, l'accompagnement moderne des handicaps se heurte aux mêmes difficultés que la révolution caritative – et ta propre innovation en elle – tente de surmonter. Pour nous tous, les deux problèmes majeurs sont les mêmes :

• En toile de fond, c'est la question de l'« opinion générale » : peut-on *changer le regard des valides sur les personnes en situation de handicap* ?

• Au quotidien, la question est de savoir comment former ce que les bureaucrates appellent les « professionnels du handicap ».

Les deux volets reviennent au fond au même : *comment vivre avec les personnes handicapées* pour qu'elles puissent avoir un « chez-soi » sécurisé ; créer des lieux de vie entre « copains », et pas seulement les faire « prendre en charge » ; tisser des liens familiaux, affectifs, et, pour certains, des liens sexuels ; éveiller des créativités qui pourraient déboucher sur des emplois ou des actions protégées, voire professionnalisantes, etc.

Chez toi, à l'Arche, on « vit avec » et dans « le plaisir » ! Je reprends la question que je t'ai déjà adressée dans ma première lettre : comment est-ce possible ? « J'ai *vécu* avec Éric », « il était si *pauvre* », « il avait besoin d'une *relation vraie* » : ce sont tes mots. Concrètement, comment faites-vous ?

« Plaisir spirituel », précises-tu. Pas de souffrance ? Ou bien la souffrance est-elle traversée, transformée ? Que devient l'angoisse de subir des déficiences analogues à celle d'Éric : surdité, mutisme, immobilité, carence de la pensée ? Que fais-tu de ton impuissance à l'aider à former des mots, à penser avec toi, comme toi ? Tu inventes un langage gestuel, musical, tactile ? Un « code privé » ? Comment es-tu sûr qu'Éric ou d'autres « copains » te déchiffrent ? que tu ne projettes pas sur eux tes propres pensées et désirs ? Comment répondre aux besoins de tendresse, d'échanges affectifs, peut-être d'une vie érotique et familiale ? Où passe la limite entre suggestion, abus, respect, plaisir ?

Tu comprends, j'en suis sûre, que je formule ici exprès et brutalement des questions qui préoccupent de nombreux parents et proches, mais aussi des personnes extérieures au domaine du handicap, auxquelles ma propre expérience de psy et de mère ne manque pas d'être confrontée et pour lesquelles je cherche des réponses. Mais ce sont *tes* réponses qui m'intéressent, parce qu'il n'y a pas de vérité absolue dans cette rencontre qui t'importe et qui m'importe, et, quel que soit notre repère « scientifique », c'est d'un *art à réinventer au quotidien* qu'il s'agit. Bien sûr, la conscience de l'accompagnateur(-trice), le soutien dont il ou elle bénéficie de la part du groupe, le bonheur que procurent les évolutions, fussent-elles infimes, de la personne handicapée, nous éclairent et sont des garde-fous. Mais comment les consolider, encourager, faire durer ?

Je reprends le mot « plaisir » que tu dis essentiel dans la « rencontre », et je le relie à mon expérience.

Oui, la rencontre analytique est basée sur le *désir* (laissons pour l'instant le plaisir), et l'on ne dit pas assez que le désir dont il s'agit est en définitive *moins celui du patient* ou futur analysant (bien que ce désir soit le premier et que, sans lui, personne ne viendra dans mon cabinet me demander de le « prendre en analyse »), que *le désir de l'analyste.* Freud parle de « contre-transfert » de l'analyste avec le « transfert » de l'analysant ; dans le langage de Lacan, je crois que cela s'appelle une « désirance ». Va pour la désirance : état d'ouverture de mon inconscient à l'inconscient d'autrui ; capacité sans cesse travaillée, maturée et purifiée d'*identification* avec ses souffrances et ses joies, ses manques aussi, ses tares, perversions, délires, crimes, tout ; et aussi capacité de s'en séparer, de se *désidentifier* d'avec ces symptômes : de les considérer à distance pour les penser, et ainsi seulement les partager, moduler, modifier.

Il faut plus qu'une curiosité philosophique pour rencontrer l'inquiétante étrangeté d'autrui, au sens fort du terme que nous lui donnons : il importe que cette empathie soit porteuse de *plaisir* (j'y viens) pour tenir dans le temps et pour aller au contact de l'incommunicable. Le plaisir (narcissique par-ci, masochique par-là, sadique aussi, et j'en passe) d'y rencontrer aussi mes propres vulnérabilités en fait partie.

Mais, plus encore, il importe que la *prise de distance* avec mes projections-identifications soit aussi un plaisir ; et que ce plaisir-là accompagne et dépasse le premier dans cet acte de pensée qu'est l'interprétation, entre désirs sensibles *et* sens à construire ensemble. Beaucoup de « il faut », et toute une palette de plaisirs, en effet. Avec des personnes lourdement handicapées, c'est le groupe des intervenants tout entier qui assume les diverses facettes de cette désirance avec ses deux pôles (du côté « soignant », bien sûr, mais aussi à partir d'une empathie plus osmotique encore avec les « copains », qui nécessite une infinie délicatesse dans la prise de distance).

Comment puis-je assumer une telle alchimie complexe et pour le moins risquée – quoique différemment – pour les deux protagonistes ? En lisant ta lettre, il m'est apparu que, aussi loin que je remonte dans ma vie, c'est ma rencontre avec la mortalité qui ajuste plaisirs et déplaisirs dans mes rencontres avec l'étrangeté d'autrui. Pour que la désirance soit *à la fois osmotique et détachée*, pour qu'elle ne glisse ni dans ces abus d'autrui que sont les passages à l'acte, ni dans l'omnipotence narcissique, ni dans l'endoctrinement sectaire, bref, pour que la rencontre de mes vulnérabilités avec celles des autres soit en priorité au bénéfice de l'analysant – et, plus difficile encore, au bénéfice de la personne en situation de handicap qui m'a fait confiance ou qui m'a été confiée –, il me faut avoir fait une autre « rencontre » : la rencontre avec la mortalité. La mienne, la sienne : la mort. Il ne s'agit pas d'*accepter* la mortalité – n'est-elle pas le paradigme de l'inacceptable ? –, mais d'*intégrer* son inéluctable présence jusque dans la panoplie des plaisirs dont il a été question. C'est à ce prix seulement que je finis par *apprivoiser* la dépression et la peur que provoquent les manques, les drames, les catastrophes des organes, du langage et de la pensée, les délires et les cauchemars... Par une sorte de *sérénité :* sans pathos ni enthousiasme ; la sérénité est, peut-être, la face modeste de ce que tu appelles un « plaisir ».

Ces rencontres avec la mortalité, qui ne les a pas eues ? On préfère les oublier, la culture moderne du « glamour » et de la « performance » ne nous invite pas à les méditer, apprivoiser, intégrer. J'ai envie de te parler de quelques-unes des miennes, cher Jean, qui me paraissent être en résonance avec notre propos. Car, s'il est vrai que l'expérience de la mortalité est nécessaire pour faire du désir de l'analyste une désirance analytique, elle me paraît autrement plus indispensable pour assurer une « relation vraie », comme tu dis, avec la personne handicapée. Et cela n'a rien de « morbide », tu verras, au contraire : c'est même le seul moyen de traverser le « morbide », qui n'est en somme qu'une prétentieuse ignorance de la mortalité.

Dans mon lit d'adolescente, en Bulgarie, sous l'icône de la sainte martyre Juliana que mon père avait suspendue au mur au-dessus de ma tête, j'essayais de croire en l'existence de Dieu. Comme mon père, et contrairement à ce qu'on m'enseignait à l'école dans mon pays natal à l'époque communiste. Pour être franche, maman accueillait d'un scepticisme bienveillant les effusions de foi paternelles, ce qui n'est pas sans importance pour la suite de l'histoire. J'accrochais donc ma pensée à divers arguments – aucun n'emportait ma conviction. Je ne sais par quel chemin, entre ces découvertes du corps que favorise la somnolence et la quête d'au-delà que visent les restes d'idées diurnes, une évidence s'est alors imposée à moi : il m'était impossible de penser à Dieu parce que je n'arrivais pas à me représenter la mort. « Dieu » et « mort » m'étaient également impensables, donc irréels. Des proches avaient décédé autour de moi, parmi lesquels mon grand-père maternel qui me lisait *Les Mille et Une Nuits* et que j'aimais beaucoup, et grand-mère m'emmenait souvent au cimetière. Je m'inclinais, affligée par l'absence du défunt, mais fermée comme une huître à l'idée de la mort : totalement irreprésentable, elle m'était comme indifférente. Soulagée malgré tout par ma petite « découverte » sous l'icône orthodoxe, j'ai longtemps évité d'approcher le troublant continent religieux.

L'angoisse m'a saisie de nouveau lorsque, au bout de quelques mois d'études en France comme boursière dans le cadre d'un accord international, j'ai décidé d'y vivre : l'exil. La langue française ne m'était pas étrangère, puisque j'avais commencé à l'apprendre à la maternelle des dominicaines avant qu'elles ne soient convaincues d'espionnage et expulsées. J'avais été accueillie on ne peut mieux par certains milieux universitaires dissidents ; le meilleur à mes yeux des jeunes écrivains, Philippe Sollers, était devenu mon mari. Pourtant, rien n'y faisait et personne ne s'en doutait : je vivais l'exil comme une mort. Je regardais mes mains tenant le stylo, mon visage dans le miroir : je n'étais pas moi, quelqu'un d'autre avait pris la place de ce qui avait été moi, « je » n'étais ni cet(te) autre, ni le moi d'avant, j'étais morte et pourtant « ça » vivait, ou plutôt re-vivait, étrangement dissocié, improbable résurrection.

Dissociation passagère, épreuve psychique compréhensible chez une jeune femme morte dans sa langue maternelle et pas sûre de survivre dans l'espace français d'adoption ? L'analyse devait me réconcilier avec ces deux spectres, et je n'existe désormais qu'en français, cahin-caha, non sans ausculter parfois le cadavre encore chaud de la langue maternelle. Mais l'expérience de la mort, symboliquement si intense que je l'éprouvais comme réelle, s'est installée. Et j'ai pris au sérieux l'idée de Dieu. L'Autre qui manque, irreprésentable mais pensable. J'essaie d'enquêter, à force de lectures savantes et d'auto-analyses sensibles, sur les sources possibles de cette construction, sur ceux de mes propres traumatismes qui auraient pu me conduire au « besoin de croire » que beaucoup cultivent, mais que je « panse » à ma façon personnelle : en sublimant.

À la naissance de David, les premières inquiétudes ne portaient pas de nom et il fallait tout faire comme si tout allait bien. Jusqu'au premier coma : deux semaines entre la vie et la mort. Quelques années après, même épreuve. Infirmières débordées, la science neurologique pas sûre d'elle-même, les soins plus qu'approximatifs : j'ai déposé un petit matelas au pied du lit et je n'ai pas quitté l'hôpital. Est-ce que David allait « en sortir » ? dans quel état ? « On » ne savait pas, « on » espérait. J'essayais de lire pour tenir. C'est sur ce matelas que j'ai écrit les pages de mon livre sur Hannah Arendt consacrées à la différence que la philosophe fait entre *zoé* (ou processus vital) et *bios* (la vie personnelle qui compose une biographie : ce que le sujet et son groupe se racontent et racontent de lui). Et sur la maternité comme « liberté de commencer » : commencement d'une vie singulière et éphémère, et commencement de soi aussi, auto-commencement de la mère. Les deux fois où David « est sorti » du coma, nous recommencions une nouvelle vie, la re-naissance nous empoignait. Plaisir ? Certainement, mais doublé d'angoisse tamisée en sérénité. Nous nous rencontrions au-delà de la mort traversée et désormais toujours présente. Non pas comme menace ou fin fatale, mais parce que ces épreuves avaient laissé des traces : fatigabilité, troubles divers aggravés, qui nous rappellent que la mort vit une vie humaine. Et chaque sourire, succès, progrès, création, insertion, réussite professionnelle, nouvel amour, etc., est un recommencement conquis sur cette mortalité apprivoisée.

Handicap ou pas, la mort sculpte le vivant, dit en substance mon ami, le biologiste Jean-Claude Ameisen, et j'aime m'approprier naïvement, très maternellement, sa science exacte de la « mort cellulaire » qui taille dans l'héritage génétique, dit-il, pour ciseler la neurophysiologie de chacun. Est-ce parce que David a une belle « *bio* »-graphie, dans cette cohabitation avec sa fragile et énigmatique « *zoé* » ? Je cohabite à mon tour et en permanence avec cette œuvre de la mort qui sculpte le vivant. Et il me semble que je suis devenue aussi plus attentive que mes collègues à ses signaux dans l'inconscient de mes patients. À moins que ce ne soit le contraire : ne serait-ce pas la mortalité entendue dans la parole de mes analysants, et dont la « pulsion de mort » est un des repérages possibles, qui m'aurait permis d'accepter le fait que la « maladie orpheline » de mon fils et les conséquences du « coma » ne sont pas seulement des carences irrémédiables, mais de possibles commencements qui « me » rencontrent là où je ne soupçonnais pas d'être ? et que, de cette rencontre de nos deux défaillances, surgissent de nouveaux mondes et langages, de nouvelles tendresses et pensées ?

Est-ce que cette souffrance, jumelée avec la chance de la transcender, ressemble à ce que tu appelles un « plaisir » ? Je ne sais. Peut-être. Je suis sûre, en tout cas, que pour moi il n'existe pas d'autre bonheur que celui de faire le deuil du malheur. Une sorte de joie doublée d'une douleur dont tu n'entendras pas le cri. Seulement le sourire qui la traverse, puisque la vie a vaincu encore une fois. Et que l'énergie du cri s'est transcendée en une mobilisation permanente pour repousser le plus loin possible les limites du « normal », en créant les conditions d'une créativité optimale.

Bien sûr que je viendrai « célébrer avec toi », mon Jean, et avec tes copains. « Célébrer » ne sera pas dénier cette différence exorbitante qui spécifie le handicap, aux frontières entre la vie et la mort. « Célébrer » sera regarder en face l'intolérable et parier sur la vie avant et après tout.

C'est ce pari que j'admire en toi, puisque tu y adhères de tout ton être et par toute ton existence. J'en suis très loin, moi, non seulement parce que je n'ai ni ton endurance, ni ton énergie, ni ton expérience ; mais parce que mon David n'a pas à affronter les mêmes difficultés que celles de tes copains de Trosly ; et aussi parce que, mère, je n'ai pas « choisi » de donner sens au handicap, comme tu l'as fait. Ça s'est imposé, et je me réinvente en faisant renaître mon enfant étape par étape, en une renaissance continuelle. D'une autre façon, ce sont les analysants qui viennent me trouver, et je recommence avec eux d'autres re-naissances au travers du mal-être psychique ou mental. J'essaie de le faire sans m'inventer un dieu ni adhérer aux dieux existants, mais en étant persuadée avec Freud que, puisqu'il n'existe pas de substitut de la religion, il nous revient de sublimer ce besoin – ce pari.

À propos de célébration, on m'a invitée avant-hier à célébrer le soixantième anniversaire du *Deuxième Sexe* de Simone de Beauvoir. Et figure-toi que, tout en rendant hommage à son génie, qui nous a légué le devoir de liberté et le plaisir de la conquérir sans fin, je pensais à nous et me suis permis d'aborder deux domaines qui faisaient peur à l'existentialiste, qu'elle fuyait et qui, en revanche, attirent les femmes aujourd'hui : la maternité et les religions.

J'ai célébré, au passage, la maternité symbolique : non pas celle de la génitrice, mais celle de la mère, précisément, qui rencontre l'irréductible singularité de son enfant et, en l'aidant à l'affirmer, se construit elle-même. Une « mère symbolique », donc, dont j'ai trouvé la description… sous la plume de Thérèse d'Avila que tu me fais le plaisir de mentionner. Et que j'ai résumée par ces mots de Baudelaire : « de la centralisation et de la vaporisation du moi, tout est là ». L'auditoire se doutait-il que c'est ma rencontre, notre rencontre avec le handicap que je célébrais aussi en ces termes ? « Centrée » sur le mal-être, et sans jamais relâcher ma vigilance sur l'œuvre de la mort que j'essaie de retarder par tous les moyens de la science et de l'accompagnement optimal – je suis hors de moi, morte à moi, exilée de ma douleur aussi. Hyperactive, littéralement « pulvérisée » en actes, actions, mesures diverses et variées, démarches de tous ordres. « *Obras, obras, obras* », clame Thérèse – « ne pas se taire », « ne pas baisser les bras », « considérer autrui » plutôt que « jouir de soi et pour soi »… Il en résulte une vaporisation du moi, en effet, une fluidité psychique, une disponibilité sociale, un allègement, après tout, une sorte d'allégresse.

Dieu serait le garant de cette « joie spirituelle », selon toi. Pour ceux qui ne suivent pas cette voie, l'aventure de la psychanalyse les conduira sur les traces de la pulsion de mort et pourrait favoriser la rencontre des vulnérabilités humaines que tu souhaites. Très humainement, en prenant au sérieux la mortalité qui nous habite, nous pourrons nous arracher à la nature en même temps qu'à la « tyrannie de la norme » et à son envers symétrique qu'est la mort, qui nous fait tant peur : tel est mon pari.

Hélas, l'humanisme n'ose pas trop s'aventurer dans ces contrées. Divers rites initiatiques les visitent cependant ou, dans le christianisme, la contemplation de la Pâque, par exemple, et, de manière plus appuyée, les *Exercices spirituels* de Loyola qui invitent l'exercitant à revivre jusqu'aux sens la Passion de la crucifixion et de la mort de Jésus. Je suis persuadée qu'une meilleure connaissance des expériences religieuses, éclairées par la théorie et la clinique psychanalytiques, pourrait nous aider à trouver les versions modernes, adaptées à chacun, de cette cohabitation avec notre mortalité, qui me paraît être, tu l'auras compris, la condition essentielle pour rencontrer la vulnérabilité d'autrui, tout spécialement celle de la personne en situation de handicap.

Est-ce que cela te parle, mon Jean ? Tu penses peut-être que tout ça n'est pas très drôle, qu'il vaut mieux insister sur le plaisir si on veut attirer des personnels divers dans les lieux de vie pour personnes handicapées ? Qu'est-ce qu'on en sait ? Pour accompagner la vie dans ses limites parfois extrêmes, il faut des gens qui ne reculent pas devant la rencontre avec l'œuvre de la mort, tu ne crois pas ? C'est une grande épreuve et une responsabilité suprême que d'exercer un désir tempéré par le respect de la personne dépendante tout autant que par la conscience de mes propres limites, quand je suis auxiliaire de vie ou par un autre métier plus spécialisé dans la pyramide des savoirs. Il est impossible de confier cette tâche à ceux qui n'ont pas vécu la mort à soi et en soi, et qui ne savent pas vivre avec elle, après elle. Il n'est que cette rencontre-là, cher Jean, pour ouvrir à une vie de l'esprit qui bannisse aussi bien l'acharnement technique que le cruel mercantilisme. Pour soutenir la désirance du soignant et lui permettre de donner et cueillir le plaisir de vivre aux frontières de la vie. Je rêve : il faudrait inclure cette « formation » dans tous les cursus destinés aux professionnels du handicap !

Merci à toi, cher Jean, de m'avoir conduite jusqu'ici.

Très bon séjour à toi à l'abbaye d'Orval, et dans l'attente de te lire,

Très affectueusement,

Julia.

Trosly-Breuil,
7 septembre-25 septembre 2009

Merci, Julia, de ta lettre. Elle m'a rejoint au monastère d'Orval où j'ai passé le mois d'août : un grand monastère avec peu de moines, signe d'une église qui dépérit et qui tient de moins en moins de place dans nos sociétés et dans l'esprit des gens. Tant d'entre eux sont merveilleux en humanité, mais si peu s'intéressent à l'Église. Ils cherchent ailleurs des lieux de repos et de vie. J'aime ce monastère silencieux et ces moines fidèles et courageux : c'est mon île. Il y a les chants d'oiseaux dans un vaste paysage verdoyant, et le chant des moines dans une vaste nef qui rappelle des temps anciens et un temps nouveau, à venir, caché derrière le voile qui sépare la terre et le ciel. Ce chant des moines passe au travers de ce voile pour atteindre le ciel.

Ta lettre me parle d'une des deux faces de la rencontre : la séparation, la mortalité « qui ajuste plaisirs et déplaisirs dans les rencontres ». Elle est arrivée le jour où je recevais un coup de téléphone m'annonçant que Jacqueline d'Halluin était mourante. Jacqueline, quatre-vingt-trois ans, vivait dans une maison pour personnes âgées, près de l'Arche. Je l'ai connue bien avant l'Arche, en 1950. Je l'ai beaucoup appréciée et aimée, et elle m'aimait. Elle était à l'Arche depuis les origines, responsable de tous les aménagements et de la décoration des maisons. Une femme priante, aimante, jolie, créatrice, mais aussi solitaire, un peu fuyante, jalouse de sa solitude. J'ai tout de suite quitté le monastère pour aller la retrouver. Oui, elle était mourante, mais ne souffrait pas, car elle était sous fortes doses de morphine. Un signe d'elle m'a confirmé qu'elle m'avait reconnu : un petit sourire. J'ai pu passer trois fois une heure avec elle, lui tenant les mains, partageant parfois de petits mots qui rappelaient notre amitié, notre passé ensemble, notre espérance dans la vie et la mort. Sa respiration devenait de plus en plus faible, ses yeux étaient vitreux. J'étais heureux d'être auprès d'elle. Je suis reparti au monastère, car elle pouvait vivre encore quelques jours dans cet état. Je suis revenu pour sa mort et ses funérailles ; son souffle déjà si faible était parti comme un oisillon vers le ciel. Tagore dit que la mort n'est pas comme la lampe qui s'éteint, mais comme la venue de l'aurore. Oui, la vie est traversée par la mort. L'autre face d'une vraie rencontre, c'est bien l'intégration de la mort et de la séparation ; on ne possède jamais l'autre.

Je me rappelle ma première rencontre avec la mort, *ma* mort ; mais elle n'est pas venue ! Quand j'étais marin, je suis tombé d'un bateau de guerre dans des eaux houleuses. Heureusement, j'avais autour de moi une énorme bouée de sauvetage. En pénétrant dans l'eau très froide, j'ai perdu immédiatement conscience. Le vent et les vagues m'ont emporté loin, mais je n'en savais rien, j'étais inconscient. L'alarme a été donnée, on a envoyé une chaloupe qui a pu me retrouver malgré la distance et les vagues. On m'a sorti de l'eau, donné un peu de brandy et ramené à bord. J'aurais pu disparaître, emporté par le vent, au-delà de l'horizon, et là, seul et inconscient, traverser ce voile qui sépare la terre et le ciel. Cette expérience « douce » de l'approche de la mort m'a peut-être aidé à l'apprivoiser.

La culture de nos pays riches redoute ce qui est caché derrière ce voile qui nous sépare de ceux et celles qui nous ont quittés. Je dis bien « notre culture », car il y a tant de gens merveilleux qui cherchent à comprendre ce qui pourrait être là, derrière, et aspirent à mettre leur vie en harmonie avec leur recherche. J'ai toujours aimé Socrate, qui remerciait les juges qui l'avait condamné à mort en leur disant en substance : « Soit la mort est comme un doux sommeil et on n'a plus conscience des choses douloureuses et difficiles de la vie ; soit elle est la traversée qui mène vers un autre lieu où les juges seront bien plus justes que vous qui m'avez condamné. De toute façon, je connaîtrai grâce à vous une forme de bonheur. »

À l'Arche, nous sommes souvent confrontés à la mort. Tous ceux que nous avons accueillis, provenant d'institutions douloureuses, d'hôpitaux psychiatriques ou de situations difficiles, ont souvent connu l'extinction de l'amour de leur famille, ils se sont sentis « moches » et ont même pensé être source de la mort du bonheur chez leurs parents. Horrible sentiment que de se sentir coupable d'exister, de ne pas avoir de place ici-bas. Oui, il existe bien toutes sortes de morts...

Éric, dont je t'ai parlé dans ma dernière lettre, était mort dans son cœur quand il est arrivé chez nous. Il est mort dans son corps sept ans plus tard, sur les genoux d'une assistante qui le conduisait à l'hôpital. Son souffle s'est envolé vers le ciel. Bien sûr, avec l'équipe qui l'entourait, on a mille fois interprété ses silences, ses gestes, ses angoisses, parfois aussi sa grande paix. Beaucoup de « code privé », mais pourtant si nécessaire ! En effet, comme tu le dis, où passe la limite entre « suggestion, abus, respect, plaisir », et j'ajouterai même « interprétation » ? Quand nous vivons avec l'intolérable souffrance, il faut savoir interpréter. Cela donne vie et courage. Quand on croit que derrière l'intolérable blessure et les déficiences bat un cœur humain, on cherche de petits signes qui manifestent une rencontre ou le désir d'une rencontre. L'important, pour nous, c'était qu'Éric devienne plus apaisé, plus vivant, que son visage se fasse plus doux, moins angoissé. À la prière du soir, il se reposait ou dormait sur nos genoux. Il aimait prendre un long bain dans de l'eau à bonne température. Dans ce domaine de la relation et des interprétations, les certitudes scientifiques n'existent pas, et il est bien sûr loisible de projeter nos propres désirs. Restent seulement les petits signes, les sourires esquissés, une paix, une vitalité plus grandes et, dans le cœur des assistants, une paix plus profonde. Nous, assistants, nous avons évidemment connu des moments de fatigue, d'énervement, de ras-le-bol, le sentiment d'impuissance, mais aussi des heures de grande joie qui nous ont donné « vie » à Éric, à moi, à l'équipe, au foyer et à l'Arche. Nous avons éprouvé la joie de vivre ensemble : pour nous la vie chantait.

Nous ne pouvons cependant pas, nous, assistants, remplacer la famille, nous ne sommes pas toujours parfaits en tant qu'amis ou thérapeutes. Nous sommes des êtres humains blessés, cherchant à vivre dans la joie avec d'autres humains blessés, ayant foi en chaque être humain et dans l'unité de la grande famille humaine. Dans cette « vie avec », de possibles déviances existent ; c'est pourquoi ces relations doivent être soutenues en communauté par diverses formes de supervision. Nous avons pour cela une équipe de professionnels dont la présence est nécessaire.

Revenons à la mort, au souffle qui part comme un oiseau vers le ciel. Où est ce ciel ? Où va le chant des moines ? À qui s'adresse le chant des oiseaux ? Le voile déchiré n'est-il qu'un doux sommeil, ou l'orée d'un lieu de justice et de lumière ? Pourquoi a-t-on si peur de la mort, si c'est pour trouver une autre forme de bonheur ? Cette peur vient-elle de la culpabilité, de l'échec de la vie, du sentiment d'infériorité éprouvé par les gens, voire même des désirs de rejet, de mépris et de haine qui peuvent nous habiter ? Vient-elle des ténèbres, des peurs enfouies en nous ? Vient-elle aussi de notre désir d'être « comme Dieu », la mort étant alors comme la rencontre avec le Grand Rival ? La peur de la mort est-elle l'expression de la perte radicale de la puissance : l'impuissance absolue ? Quel sens prêter à l'impuissance ? À la peur de sa propre mort s'ajoute aussi celle de la mort des autres : se sentir alors abandonné, ou se sentir coupable de n'avoir pas assez fait ou aimé ?

Dans notre vie sur terre, le désir de pouvoir, le besoin d'apparaître comme le meilleur, d'être reconnu et apprécié, cohabitent avec l'étonnement, l'émerveillement face à la beauté : le regard d'un enfant devant un cadeau, la vue du haut d'une montagne, l'enfant qui dort dans les bras de sa mère, la joie des fiancés, la cathédrale de Chartres. La beauté nous fait chanter, puis elle nous plonge dans le silence et la contemplation. La beauté conduit à la gratuité et au désir de rencontre. L'enfant aimé va ainsi d'émerveillement en émerveillement. Aristote dit que l'émerveillement est à l'origine même de la philosophie. Quand le voile entre la terre et le ciel se déchire, quand le souffle s'envole, quand le pouvoir s'effondre, que l'impuissance totale nous accable, jaillit alors un émerveillement encore plus merveilleux : la beauté de la présence. Ne sommes-nous pas faits pour l'émerveillement de la rencontre ? Nous savons bien sûr les limites de l'émerveillement ici-bas. Nous n'ignorons pas les relations brisées, l'angoisse, l'isolement, les tremblements de terre, les cancers douloureux, les accidents de la route, Auschwitz, Hiroshima. Tout cela apparaît comme autant de manques, de gouffres terribles. Mais le vide n'appelle-t-il pas le plein ? La crise est déchirure ; elle est aussi l'annonce de quelque chose de nouveau. Du chaos jaillira une nouvelle vie. Tout ne finit pas avec la crise et le chaos ; l'émerveillement est là, prêt à surgir à travers l'autre qui me tend la main.

Mais revenons à notre enquête, à notre désir de rendre plus humaine une société où l'« autre différent » serait accueilli pleinement et joyeusement. Oui, tu as raison, *on* ne peut confondre toutes les différences, celles que cernent les murs du racisme et celles qui excluent les personnes en situation de handicap. Mais si les peurs ont bien des différences entre elles, on peut cependant leur trouver des éléments de ressemblance : la peur de l'autre, l'autre qui apparaît comme un danger, une gêne, qui blesse ma liberté et mon épanouissement. Cette peur commence néanmoins à s'atténuer quand on rencontre l'autre différent, face à face, cœur à cœur. Pour permettre cette rencontre, encore faut-il vivre dans l'humilité, ne pas se croire supérieur, et surtout intégrer la perspective de la mort. Je te rejoins dans ce que tu écris : « Il ne s'agit pas d'accepter la mortalité, mais d'intégrer son inéluctable présence … C'est à ce prix que je finis par apprivoiser la dépression, les catastrophes, par une sorte de sérénité, sans pathos ni enthousiasme, et qui est peut-être la face modeste de ce que tu appelles un plaisir. » Oui, les deux faces de la rencontre sont bien le plaisir et l'intégration de la mortalité.

Comment vivre pleinement ces deux faces de la rencontre ? N'est-ce pas un long chemin spirituel tissé de rencontres, de pertes (donc de morts ?), d'événements joyeux ou douloureux qui permettent d'approfondir la foi et d'affermir la confiance ? La foi dans la création, la foi dans la beauté de la naissance de l'être humain, la confiance née des expériences de vie et de lumière qui ont jailli de la mort et des crises. Approfondissement aussi de la foi en Dieu qui ne veut pas la sécurité « emmuraillée » derrière les dogmes de la religion, mais appelle à la liberté : oser aimer, risquer la rencontre, vivre sans se laisser dominer par la tyrannie de la normalité et de la mortalité. Avancer à l'intérieur d'une vie qui tire tout son sens de la perspective de la mort.

Pour accueillir la rencontre, il faut, dis-tu, la rencontre avec la mortalité ; j'ose dire que, pour intégrer la mortalité, il faut avoir osé la rencontre avec cet autre plus faible qui va rendre possible l'accueil de ses propres faiblesses et vulnérabilités.

Pierre, un assistant qui vit à l'Arche, nous a raconté un moment magique, un moment de grâce et de transformation qu'il a vécu avec Françoise. Celle-ci a soixante-seize ans, elle est aveugle, alitée, affligée d'un lourd handicap, sans langage verbal. Après le repas, un jour, elle a posé sa main sur la sienne et lui a souri. L'être de Pierre est devenu sourire. Il a touché, il a vu la vie jaillir soudain du corps si fragile de Françoise ; à ce moment-là, les herses de sa propre peur (celle de ne pas être à la hauteur) se sont abaissées. Il ne cherchait plus le pouvoir, ni à être acclamé, il a vécu une rencontre qui lui a donné vie et lui a révélé un sens nouveau de la vie.

Permets-moi de te raconter une autre histoire. En 1970, Michel (ou était-ce François ?), un assistant, venait de mourir. Son corps reposait dans une pièce près de la chapelle où les membres de la communauté pouvaient venir prier auprès de lui. Philippe et Jean-Louis, deux personnes affectées de très grandes difficultés motrices, ont alors rencontré Jacqueline (celle dont je t'ai dit qu'elle vient de mourir) et l'ont interrogée : « Est-ce que nous pouvons aller voir François ? – Bien sûr », a-t-elle répondu. En présence du corps de François, Jean-Louis a demandé : « Est-ce que je peux l'embrasser ? – Mais oui », a répondu Jacqueline. Jean-Louis s'est exclamé : « Merde, il est froid ! » Tous deux sont repartis, Jean-Louis disant à Philippe : « Maman (pas sa vraie mère, mais la femme chargée du placement familial où il résidait) va être étonnée quand elle saura que j'ai embrassé un mort. » Une histoire drôle ? Non : un moment de vie et de guérison. Le handicap de Jean-Louis était signe de mort. Embrasser la mort, n'était-ce pas en quelque sorte embrasser son propre handicap, l'accueillir et l'accepter ?

Voilà pourquoi la rencontre des assistants avec les personnes en situation de handicap est source de vie quand il y a véritable échange, main donnée, geste d'affection, sourire, regard de tendresse, débuts d'une vraie relation. Mais c'est aussi à ce moment-là que les assistants risquent de se poser des questions fondamentales. Ils ont vécu jusqu'alors sous la tyrannie de la normalité (ou de la mortalité), qui les poussait à développer la performance et l'excellence. Et voilà qu'ils vivent une expérience profondément humaine et hautement spirituelle où la misère de la chair est source de vie. La mort et la vie se rencontrent là comme la nuit et le jour.

Quelle formation faut-il donner à ces « professionnels du handicap », comme disent les bureaucrates ? Bien sûr, devenir compétent, acquérir des connaissances sur les différentes formes de handicap, permettre aux personnes en situation de handicap de se développer, sont des objectifs indispensables à toute formation. Mais il faut surtout aider ces professionnels, me semble-t-il, à être attentifs, à vivre une relation de confiance mutuelle, à découvrir et écouter l'appel de la personne derrière le corps affaibli, en sorte de créer une rencontre de personne à personne, et non pas juste à devenir « normal ».

Chaque assistant de l'Arche doit pouvoir partager devant d'autres sur ses peurs, ses violences, ses dégoûts, mais aussi sur ces moments magiques où son cœur a été ouvert. Il commence alors à mettre en cause la tyrannie de la normalité, le fonctionnement d'une société qui honore les puissants et écarte les faibles. Il commence à découvrir un autre monde où mortalité et plaisir vrai s'entrecroisent, un lieu de sérénité et de paix. Il le découvre comme un trésor qu'il faut encore alimenter, car il y a des luttes à mener pour ne pas être dominé par la normalité et devenir plus libre.

Tu as parlé du choc, de la « mort » même subie par la petite Bulgare, un traumatisme, voire une épreuve de « dissociation ». Ton histoire m'a touché, c'est peut-être celle de tant et tant de réfugiés, d'immigrants ; elle est difficile à comprendre quand on ne l'a pas vécue comme toi. Les morts que j'ai moi-même vécues sont différentes ; chaque histoire personnelle est différente. Au début de mon histoire, il y a un événement de vie qui m'a profondément marqué et m'a permis de risquer la mort. À treize ans, nous vivions (le « nous » de la famille) au Canada. En 1942, la guerre battait son plein. J'ai découvert qu'il existait en Angleterre une école pour les futurs officiers de la marine de guerre britannique. Est né en moi le désir de m'engager dans la guerre, d'aller prendre ma part à cette lutte pour la liberté et la paix. J'ai demandé à mon papa (lors d'une rencontre officielle dans son bureau !) si je pouvais rejoindre la Royal Navy : requête folle de la part d'un gamin de treize ans ! Mon père m'a dit après m'avoir écouté : « J'ai confiance en toi ; si tu le veux, il faut que tu le fasses. » C'est ce « J'ai confiance en toi » qui, par la suite, a continué à résonner à travers toute ma vie. Je pouvais alors avoir confiance en mes désirs secrets, en mes intuitions, et je pouvais par là faire confiance à d'autres. Mon père m'a libéré. Ce moment-là a été comme une initiation à la vie d'adulte, je pouvais être moi-même, quitter la famille, emprunter une route de vie qui n'était pas conforme à la normalité. Je pouvais me risquer à vivre.

J'ai passé huit ans dans la marine : quatre ans de formation, quatre ans à bord. Puis est né en moi le désir de quitter l'uniforme. C'était en 1950. Mon cœur avait été touché par la lecture de l'Évangile et la vie de Jésus, prince de la Paix qui veut l'unité de tous les êtres humains. J'ai commencé à prier, j'ai osé donner ma démission de la marine. Elle a été acceptée.

Je voulais devenir prêtre, mais comment, où, avec qui, que faire ? J'ai entendu parler d'un père dominicain, le P. Thomas Philippe, qui avait créé en France une petite communauté, simple et pauvre, pour des gens qui cherchaient où investir leur énergie dans la vie. Je suis donc venu à l'Eau vive – nom de cette communauté –, moi l'inculte dans le domaine de la prière, de la spiritualité et de la pensée. Mes seules connaissances concernaient la guerre, mais le désir de changer m'habitait vraiment. Le père Thomas est devenu mon père spirituel ; il m'a conduit vers une vie d'oraison. J'ai découvert un monde nouveau, celui de la prière silencieuse, de la recherche de présence, en deçà des raisonnements cérébraux. Vivre du repos de la présence ou appeler à la présence. Mes liens avec le père Thomas étaient profonds, vitaux. Lui-même a connu des difficultés avec son ordre, il a été renvoyé de l'Eau vive qu'il avait créée, il m'a demandé de prendre sa place comme responsable de la communauté, moi si néophyte dans le domaine religieux. Ses difficultés ont empiré. De Rome on m'a fait dire que le sacerdoce m'était interdit si je lui demeurais fidèle. On m'a alors renvoyé de l'Eau vive ! Que faire ? Ce coup de crosse a modifié mon rapport à l'Église.

J'ai réalisé que l'enfant d'une prostituée aime toujours sa mère. Moi, j'aime cette Église qui m'a donné et me donne la vie, malgré toute son histoire et ses pauvretés. Je suis alors devenu un pèlerin cherchant sa route : doctorat en philosophie sur Aristote, enseignement à l'université de Toronto. Le temps passe, le père Thomas devient en 1963 l'aumônier d'un petit centre de personnes en situation de handicap, à Trosly-Breuil. Nombre de ces personnes venaient de l'hôpital psychiatrique de Clermont de l'Oise. Le père Thomas m'invite à venir le voir et les rencontrer. C'est ainsi que je découvre ce monde de personnes exclues, mises de côté, sans voix.

Enraciné dans l'Évangile, voulant demeurer proche du père Thomas, souhaitant me rendre utile à ses côtés, j'achète alors une petite maison délabrée. J'accueille deux personnes en situation de handicap issues d'une institution violente et douloureuse où toute liberté était réprimée. L'Arche est alors fondée par quelqu'un qui n'y connaît rien, mais est généreux et désireux de suivre Jésus ; par quelqu'un qui a été brisé dans son élan pour devenir prêtre. Différentes étapes de la vie, différentes morts, mais une recherche constante…

La vie à l'Arche m'a transformé, j'avais enfin trouvé un lieu d'engagement – un engagement qui me donnait vie. Les pieds dans la boue, avec des difficultés constantes, l'Arche a grandi. À cette époque, beaucoup attendaient de sortir des grandes institutions pour trouver des lieux de vie, de liberté, de travail et d'amitié ; des lieux où ils pourraient être considérés comme des personnes.

Qu'est-ce qui a changé en moi durant toutes ces années passées à l'Arche ? Ayant trouvé mon lieu, j'ai pu redécouvrir l'enfant à l'intérieur de moi. Dans le foyer, nous mangions ensemble, nous riions ensemble, nous faisions les fous et mettions à profit tous les moments propices pour célébrer. J'ai continué à développer mon aptitude à assumer des responsabilités, déjà cultivées dans la marine. Mais, au lieu de commander et d'enseigner, j'ai appris à écouter les souffrances et les rêves des autres, à laisser parler mon cœur compatissant. J'ai aussi découvert mes peurs, mes blocages et jusqu'à mes violences.

L'Arche a beaucoup évolué depuis quarante-cinq ans. Au début, elle témoignait de la vie de l'Évangile (Matthieu, XXV) sous le signe de l'Église. J'étais alors un homme bon et généreux qui n'aspirait qu'à suivre Jésus. Avec le temps, avec l'évolution des personnes en situation de handicap et des assistants, j'ai découvert que notre témoignage n'était pas exclusivement celui de l'Église, mais celui de la valeur, de la beauté et du cri des personnes accueillies ici en quête de relations. J'ai découvert que ces hommes et ces femmes possédaient en eux une puissance qui pouvait être à l'origine d'un changement au sein de la société, pourvu qu'on veuille bien les écouter et entrer en relation avec eux. Dans nos sociétés construites sur la compétition, ils apportent une autre vision, le sens de la relation et de l'écoute mutuelle. Voir dans l'autre le différent, une valeur en soi, des dons, apprendre à l'accueillir et à devenir plus humain. L'Arche découvre peu à peu qu'elle est une école d'amour et de relations, un lieu où apprendre à surmonter ses peurs. Elle n'est pas juste un endroit où l'on fait du bien aux personnes en situation de handicap ; elle est une communauté de paix qui peut témoigner de la possibilité, pour des hommes et des femmes de cultures et de capacités différentes, de vivre heureux ensemble et de célébrer leur humanité commune.

À travers cette histoire, mon histoire, qui s'enracine dans la relation avec des personnes en situation de handicap, j'ai vécu beaucoup de transformations, de changements, de morts en moi. Une des plus difficiles a été le conflit avec le père Thomas. C'était un homme de prière, un mystique, doué d'un sens profond de la tradition, ancré dans un amour profond de l'Église catholique. Moi, j'ai suivi l'expérience de la vie avec des personnes faibles, soutenu par ma foi en Jésus, ma vie de prière. J'ai découvert les besoins de ces personnes en situation de handicap pour vivre et se développer, et les besoins des assistants pour s'engager dans une relation avec des gens faibles. Difficile, pour le père Thomas et pour moi qui avais tant reçu de lui, de sentir parfois des oppositions surgir entre nous ; il me fallait devenir adulte en face de lui, mon père spirituel. Il me fallait chercher à suivre l'Esprit saint, oser vivre un chemin nouveau pour aller vers Dieu. Oui, la mort et la vie s'entrecroisent...

Quelqu'un a interrogé un jour Martin Luther King : « Existera-t-il toujours des groupes qui se croiront supérieurs, les meilleurs, l'élite, qui mépriseront les autres ou même qui voudront les convertir pour les intégrer à leur monde ? – Oui, a répondu Martin Luther King, à moins que tous nous reconnaissions, nous acceptions et accueillions tout ce qui est blessé en nous, nos peurs et nos ténèbres, ces sources de haine. »

J'ai découvert en moi tout ce qui est blessé, mes angoisses et mes peurs, mais, aujourd'hui, je cherche à ne plus me laisser gouverner par elles. Bien des choses restent encore à changer, à faire grandir, mais je suis convaincu que le chemin de paix et de vérité passe par la rencontre avec ceux et celles qui sont faibles, comme avec tout ce qui est faiblesse et mort en moi.

Chère Julia, j'aime cette correspondance avec toi. J'aime ouvrir avec toi certaines portes de ma vie, te faire entrer dans certaines de mes cavernes. J'aime t'écouter, recevoir le don de ta vie. La publication m'importe moins que la rencontre avec toi et l'approfondissement commun de ces sujets.

Je t'embrasse,

Jean.

15 septembre 2009 (courriel)

Cher Jean,

Ta secrétaire m'avise que tu m'envoies ta lettre la semaine prochaine : je t'en remercie beaucoup et l'attends avec joie. Je serai pour ma part à Oslo (cf. le document joint) où l'on me fait l'honneur de quelques journées consacrées à mon travail (handicap, croyance, Europe et, bien sûr, l'Académie de littérature !). Nous commençons par le handicap. Je te répondrai au retour, ce qui me donnera l'occasion de te parler aussi de l'accompagnement du handicap en Norvège, qui semble un peu plus humain que chez nous.

Cet automne est assez chargé pour moi, mais peut-être moins que le tien : le musée Freud à Vienne me demande d'inaugurer sa série « The Forces of Monotheism » ; l'université Humboldt à Berlin organise un colloque sur mes travaux… Mais mon attachement premier va à notre correspondance, et mon souci principal n'est autre que David. À cet égard, pourras-tu m'aider à rencontrer le responsable de l'Arche dans le 15ᵉ arrondissement de Paris ? J'ai épuisé tous mes réseaux, il me reste encore cet espoir…

Très bon travail à toi, et à bientôt,

Julia.

Paris, le 10 octobre 2009

Cher Jean,

Je trouve ta lettre à mon retour d'Oslo : trois jours de discussions aussi approfondies que généreuses sur les diverses facettes de mon travail : psychanalyse, « génie féminin », roman, et handicap – Eivind Engebretsen à l'École des hautes études et à la Maison de la littérature avait organisé tout cela, et ma *Lettre au Président sur les citoyens en situation de handicap, à l'usage de ceux qui le sont et de ceux qui ne le sont pas* vient d'être traduite en norvégien.

Oslo est une ville accueillante, les maisons aux couleurs pastel de pâtisseries bordent des parcs dorés par l'été indien, et les fjords voisins apprivoisent le large, font respirer la terre et inscrivent mer et ciel dans nos sens. Assez enchanteur... et déroutant. Le Nord, un espace de paix, avec le prix Nobel du même nom en Suède, et un espace de pensée, avec à Bergen, en 2004, le premier prix Holberg pour les sciences humaines et sociales, créé par les Norvégiens et qui m'a été décerné... Je me suis sentie transportée dans un lieu à la fois irréel et cependant d'une actualité absolue : qui était cette Julia Kristeva dont parlaient les intervenants des « Kristeva Days », en développant mes écrits pour les faire vivre dans leurs propres vies et pensées et dans leurs épreuves quotidiennes ? Moi ? Pas moi !? Quel « moi » ?

Tu dois connaître, cher Jean, ce dépaysement, cet *estrangement* à soi-même, qui passe d'une dépersonnalisation givrante à un fulgurant recommencement, à la longue. Durant ces trois jours, je les ai éprouvés, et tout particulièrement en écoutant et en commentant la présentation par Halvor Hanisch d'une pièce d'Ibsen, *Le Petit Eyolf* (1894), qui reprend – quel hasard – notre échange de lettres au point exact où nous étions arrivés : l'étrangeté et la mort dans l'expérience du handicap ! Bizarre coïncidence ? Évidemment. Ou peut-être pas. Peut-être est-ce le signe, l'amorce (oh, très lente, dans les marges, mais certainement pas dans la dure réalité de l'« opinion », des politiques, des gestionnaires...) d'un changement dans l'approche du handicap si, à Oslo (ne serait-ce qu'à Oslo), des pensées comme celle de Halvor Hanisch peuvent exister et se faire entendre ?

Halvor Hanisch est un jeune doctorant en linguistique à l'École des hautes études d'Oslo. Je l'avais déjà rencontré à Bergen, et le Fonds Holberg, à ma demande, m'avait fait assister à un cours donné par ce chercheur. Son importante infirmité motrice cérébrale, qui entrave son élocution, mais non sa pensée, ne l'a pas empêché d'être intégré comme enseignant à l'Université, chose impossible en France, comme tu sais.

Mon ami et collègue Charles Gardou, professeur en sciences de l'éducation à l'université de Lyon-2, m'accompagnait à Oslo. Ensemble, nous avions organisé en 2005 les « états généraux des personnes en situation de handicap » à l'Unesco, tu te souviens sans doute de l'y avoir rencontré. Les organisateurs nous ont emmenés au musée Ibsen, et la conférence de Hanisch suivait cette visite. À l'aide de diapos et en synthétisant sa pensée, dont nous avions le développement détaillé sur papier, Halvor Hanisch nous a conté l'histoire de cet enfant handicapé, dans la pièce d'Ibsen, puis en a donné une interprétation fondée de toute évidence sur sa propre expérience, mais aussi sur certaines de mes idées au sujet du handicap, telles que je les expose dans *La Haine et le Pardon*, ainsi que sur le concept de l'*Unheimlich*, l'« inquiétante étrangeté », selon Freud.

Le drame d'Ibsen exploite le thème du « Dératisateur », une source majeure d'inspiration artistique pour le romantisme européen (de Goethe à W. Haabe et J. Wolf en Allemagne à Robert Browning en Angleterre), qu'on retrouve dans de nombreux lieder, opéras et spectacles musicaux. En exterminant les rats, rongeurs répugnants et par conséquent symboles de l'abjection humaine, le Dératisateur leur associe des enfants (allusion aux infanticides ?), voire un enfant handicapé (le garçon à la béquille) chez Browning, qui va devenir le héros d'Ibsen ; puis, en se muant en magicien purificateur, le même Dératisateur romantique les fait trépasser dans un au-delà enchanté. La mise à mort de l'abject se transforme ainsi en sacrifice cathartique, et la répulsion s'inverse en merveilleux si ce n'est en sacré.

Ibsen s'empare de cet imaginaire daté, remplace le Dératisateur par *une* Dératisateure : la Femme-aux-rats, et inflige de plus deux transformations radicales au thème romantique, qui nous permettent ensuite, avec Freud et ses successeurs, d'approfondir la compréhension du handicap comme expérience spécifique et, au-delà, comme expérience qui éclaire la complexité de l'humain.

Le petit Eyolf, enfant handicapé, n'est pas seulement un objet de répulsion qui suscite, comme les rats, peur et dégoût, il est aussi objet d'amour. Un « briseur de cœur », dit la Femme-aux-rats qui le compare à son premier amour. Et c'est pour rejoindre cette profondeur psychique où désir et répulsion cohabitent, qu'Eyolf décide de se noyer, en rejoignant au fond du lac le premier amant de la Femme-aux-rats. Cet étranger handicapé serait-il ce que la Dératisateure a (et ce que nous avons) de plus familier, de plus intime, de plus propre : l'*Unheimlich,* l'inquiétante étrangeté ?

Mais c'est Allmers, le père d'Eyolf, qui exprime le mieux la co-présence de la vie et de la mort chez son enfant, lorsqu'il livre cette pensée intime : « Il me semblait que nous marchions, la mort et moi, comme deux bons camarades. […] Je jouissais avec un calme bien-être de la sensation de la mort… » À travers les résonances, recoupements et interférences que tisse le dramaturge entre le couple du petit Eyolf avec la Femme-aux-rats, et le couple incestuel d'Allmers avec sa sœur Rita, Ibsen explicite via le père l'espace intérieur de l'enfant handicapé. Père et fils semblent partager la même « inquiétante étrangeté », concept que Freud développe dans *Das Unheimlich* (1919), et qu'il a déjà évoqué dans *L'Homme aux rats* (1909) : dans la légende d'Eyolf, « le rat n'apparaît pas tant comme une créature repoussante mais plutôt inquiétante, on pourrait presque dire chtonique », dit Freud, car il personnifie la mortalité inhérente aux humains.

Enfin, et c'est capital, il n'existe pas chez Ibsen de « monde merveilleux », à la manière romantique, pour résorber l'inquiétante étrangeté d'Eyolf. Qu'est-ce qui la résorbe ? Tout simplement les yeux du garçonnet handicapé. Tu l'avais sans doute deviné : le mot « Eyolf » laisse résonner *eye* en anglais, *oje* en norvégien. Eyolf jette-t-il le « mauvais œil » ou, au contraire, son regard de handicapé débusque-t-il des vérités inavouables ? Ibsen fait dire ceci à Rita :

« Désormais ce sont des yeux. Pour moi. Ils regardent fixement le fond de l'ombre... et leur regard pénètre aussi notre ombre. »

Ces mots me ramènent à notre ambition, à toi et à moi, de « changer le regard » que les non-handicapés portent sur les personnes handicapées. Ibsen nous aide à le faire en inversant la perspective : c'est Eylof qui nous regarde, c'est le regard du petit garçon handicapé qui compte, car c'est lui qui perce nos ombres. Pourrions-nous apprivoiser ce regard, l'intérioriser au point de voir le monde – et nous-mêmes – à partir de cette alchimie où la vie côtoie la mort, et l'amour cohabite avec l'horreur de l'impartageable solitude ? *Leur regard perce nos ombres* pourrait être le titre de ces lettres qui, nous l'espérons, pourraient contribuer à « changer le regard ». Qu'en penses-tu ?

J'écoutais la voix brisée de Halvor Hanisch déplier patiemment le texte d'Ibsen, son élocution encore plus difficile en anglais qu'en norvégien. Son courage existentiel, son audace intellectuelle s'appuyaient sur Freud et, en écho avec mes analyses, Halvor explorait les profondeurs du psychisme qu'aucune personne handicapée, à ma connaissance, n'avait osé affronter. Loin du discours militant qui réclame des droits, et tout en participant activement à ce combat, Halvor, sur les pas d'Ibsen et de Freud, s'avançait pour éclairer les logiques obscures de la vulnérabilité inhérente à chacun. Lorsqu'il est venu me remercier d'avoir commenté et clarifié sa lecture du *Petit Eyolf*, avant d'aller chercher sa fille à la maternelle (depuis notre rencontre à Bergen, il est devenu père de famille), j'ai cru déceler dans ce mélange de pudeur, de modestie et de fierté la même maturité que je décèle souvent dans les paroles de David quand il me signifie sa complicité avec mes prises de risques. La maturité de ceux pour lesquels mort et horreur sont derrière eux : pas devant, pas à côté. C'est ce qui les rend fiables. Des sur-vivants. Des vivants – quoi qu'il arrive.

Ces trois jours à Oslo, ce dialogue avec Halvor Hanisch qui concerne tout particulièrement notre correspondance, m'ont convaincue, cher Jean, que mes rêveries au sujet de l'humanisme à refonder ne sont peut-être pas si vaines. Ah, j'ai oublié de te dire que le sous-titre des *Days* était : « À l'ombre des Lumières » ! Dans notre échange, j'ai commencé par te répercuter ma colère face à l'impasse des politiques concernant le handicap, et je ne décolère toujours pas. Laisse-moi quand même profiter de cette lumière à Oslo pour me bercer de quelque espoir. Tu sais que je persiste à répéter combien l'histoire de l'accompagnement social et politique du handicap a transformé sa prise en charge caritative. Pour mieux situer ce nouvel humanisme qui se cherche, notamment à notre forum norvégien, je voudrais une fois de plus retracer les étapes de cet accompagnement du handicap : du « pauvre » invalide au « sujet politique », puis à sa transformation en « travailleur » à « intégrer », aux bénéfices de cette autonomie, mais aussi et enfin aux *limites* de sa gestion technique.

L'esprit général de « l'œuvre de charité », tu le sais, est issue de Matthieu, XXV : « Car j'ai eu faim et vous m'avez donné à manger ; j'ai eu soif et vous m'avez donné à boire ; j'étais étranger et vous m'avez accueilli ; nu, et vous m'avez vêtu ; malade, et vous m'avez visité ; j'étais en prison et vous êtes venu me voir… Oui, je vous le dis, à chaque fois que vous l'avez fait à l'un des moindres de mes frères, vous me l'avez fait à moi. » Ainsi énoncée, l'œuvre de charité *s'adresse indistinctement à tous ceux qui sont lésés et ont besoin d'aide*, et concerne les pauvres, les malades, les lépreux, les errants et les invalides.

Au début de ces œuvres de charité, le martyr byzantin Zotikos a transformé le monde antique en prenant soin des lépreux « estropiés » : il ne remettait plus les infirmes à la divinité en les « exposant », mais les accueillait comme un don de Dieu qui nous « sanctifie ». Saint Augustin intégrera l'anomalie dans le normal, et l'infirme deviendra avec lui aimable, secourable. Pourtant, les maisons-Dieu du Moyen Âge excluent encore les lépreux, parfois les paralytiques et les incurables. Où étaient les infirmes ? se demandent aujourd'hui les médiévistes.

Les franciscains feront plus qu'assister les infirmes et les pauvres, car, à la suite de saint François, ils les glorifient. À partir des épidémies des XIVe-XVe siècles et de l'essor mystique du XVIe siècle, la société commence enfin à s'occuper des marginaux, mais il demeure toujours difficile de distinguer les infirmes des catégories nécessiteuses. Seule la fondation des Quinze-Vingts par saint Louis pour les aveugles fait exception : initiative royale plus que de l'Église, destinée d'abord aux chevaliers croisés, quoique inspirée par des dominicains et des franciscains. Aujourd'hui, les différentes communautés, catholiques ou protestantes, qui prennent en charge des personnes handicapées ne se réclament pas nécessairement d'attaches confessionnelles et offrent une prise en charge civile qui ne repose pas ostensiblement sur *une conception spécifique du handicap à l'intérieur de la foi.* Est-ce un avantage (on ne fait pas de « discrimination » entre les diverses exclusions qui frappent une personne) ? Ou est-ce une sous-estimation de ce que les handicaps ont de spécifique, et qui pourrait être à la longue préjudiciable à ces personnes ?

J'éprouve quant à moi une admiration émue et une reconnaissance sans faille à l'endroit des associations dont les motivations caritatives, solidaristes, souvent discrètes, suppléent efficacement aux carences de l'État. Cependant, force est de constater que leurs actions se fondent sur une philosophie généreuse de la « prise en charge », au risque d'infantiliser la personne handicapée, plutôt que sur l'« interaction ». Ce que j'ai vu à l'Arche de Trosly-Breuil dément ce genre de craintes ou de suspicions ; c'est l'affection et le partage que tu as réussi à créer avec les « copains »... Une exception qui confirme la règle ? Ou bien d'autres suivent ton exemple ?

Pour m'en tenir aux seuls textes, il me semble que, dans l'esprit de l'Ancien et du Nouveau Testament, l'attitude ecclésiale envers les « pauvres » (toutes « catégories » comprises) interprète la mission de l'Église comme une « communauté du serviteur souffrant », y *associe* les handicapés sans prendre en compte la *spécificité* de leurs souffrances et de leur exclusion. En effet, qu'il s'agisse de la réponse théologique *Lumen Gentium* du 21 novembre 1964, au vœu de Jean XXIII de faire de l'Église une « Église de tous et particulièrement des pauvres » ; des quatre textes de Jean-Paul II, de 1979 à 2001, concernant sa vision de l'homme, des pauvres dans l'Église et du sens de la souffrance ; ou de l'intervention de Jean-Marie Lustiger en appui à l'action de ton Arche (« Reconnaître le handicapé comme un frère égal en dignité, c'est accepter de découvrir quelle est notre vraie condition et, par conséquent, comment devrait fonctionner, vivre notre société »), le fidèle est toujours appelé à « souffrir avec ».

Il existe pourtant une approche moderne du handicap, qui fut inaugurée par les Lumières françaises : il faut bien le reconnaître, et ce malgré le retard que la France a pris depuis dans ce domaine par rapport aux pays scandinaves entre autres, et qu'elle essaie *de rattraper maintenant... Cette approche vise à réha-*

biliter le sujet politique dans la *personne handicapée*. Elle dit en substance que si l'accompagnement personnalisé de ceux qui souffrent de handicap commence indiscutablement par l'empathie avec la personne handicapée, cet accompagnement moderne ne saurait s'épargner ni la connaissance spécifique de son mal-être, ni le combat pour la reconnaissance et la compensation de ses droits à l'intérieur du pacte social visant à désenclaver cette personne de la marge compassionnelle où on a tendance à l'isoler avec amour.

Tu sais que j'aime à rappeler cette différence en faisant lire et relire la *Lettre sur les aveugles à l'usage de ceux qui voient* (1749) de Diderot. Ce texte marque la première phase d'une longue et pas encore réelle *prise de conscience sociale* du handicap, après sa *prise en charge* par les ordres religieux. Au XVIIIe siècle, la France est à l'avant-garde dans ce domaine comme dans d'autres, et notre philosophe des Lumières démontre les capacités des « infirmes » et réclame en substance des droits politiques pour les personnes déficientes. Ses positions novatrices ouvrent la voie à l'éducation et au développement des techniques éducatives selon les handicaps. L'encyclopédiste français avait été frappé, tu t'en souviens, par sa rencontre avec un professeur de géométrie, à Cambridge, aveugle de naissance, qui, sans avoir jamais vu le moindre objet, était capable de faire de très savants calculs sur les volumes. Diderot en avait conclu que, si un tel génie pouvait être frappé d'infirmité, c'est que quelque chose ne tournait pas rond dans l'« ordre divin », supposé identifier la « belle nature » à la « raison divine ». Cette révolte contre le rationalisme chrétien a conduit le déiste Diderot à devenir athée, ce qui lui valut d'être enfermé à Vincennes.

Pourtant, la prise en compte éducative et professionnalisante du handicap qui va suivre, jusqu'à la création de la Cotorep[1] et même à la dernière loi du 1er janvier 2006, avec sa « prestation compensatrice », évitent d'affronter – de percer, d'habiter, d'essayer de traverser – ce que les Lumières rationalistes (et le rationalisme chrétien ?) laissent dans l'ombre. Ce que tu appelles une *spiritualité*, et que, pour ma part, j'appelle une *expérience psychique du handicap* pour certains, une *expérience de la vulnérabilité* pour tous. Et ce sont des forums comme celui d'Oslo qui me paraissent être le véritable laboratoire d'une approche contemporaine du handicap, pouvant restituer le sens complexe de ces expériences et nous permettre d'approcher l'inquiétante étrangeté chtonienne que révèle le petit Eyolf d'Ibsen.

Sans cela, sans l'élucidation de ce qu'est le handicap, la *gestion,* fût-elle la plus coûteuse (mais tout le monde sait qu'elle est en panne, qu'« il n'y a pas d'argent », etc.), ne saura trouver les « professionnels » adéquats : c'est-à-dire les cœurs humains capables d'éviter l'euthanasie plus ou moins sournoise que nous préparent les dératisateurs du troisième millénaire, sous couvert de rentabilité.

Pendant ce temps, je sais que tu as célébré l'anniversaire de l'Arche avec l'OCH[2]. Comment c'était ?

Dans l'attente de te lire,

Je t'embrasse,

Julia.

1. Commission technique d'orientation et de reclassement professionnel.
2. Office chrétien des personnes handicapées.

Trosly-Breuil, 3 novembre 2009

Chère Julia,

J'ai beaucoup apprécié ta lettre évoquant la Norvège et ces trois « journées Kristeva ». Elle ne m'a pas communiqué l'espoir qui semble avoir été suscité en toi. J'ai senti le décalage entre l'accueil norvégien, la présence de Halvor Hanisch, une certaine ivresse intellectuelle autour d'Ibsen et de son *Little Eyolf*, et la lourde réalité du retour sur la terre parisienne. Ce décalage me rappelle la souffrance de cette jeune Bulgare coupée de ses racines et de sa culture vivante, quand, après son mariage avec un homme brillant, elle s'est enracinée dans la culture française. Cette jeune Bulgare se regardait dans le miroir et se demandait : « Qui suis-je ? » Dans ta lettre se confrontent le survol intellectuel, excitant, enivrant, mêlé au désir ou au rêve d'un humanisme nouveau où la foi religieuse n'a pas nécessairement sa place, et la rude réalité complexe de l'existence humaine, avec la souffrance des mamans – ces mamans dont les enfants ne sont plus ceux des rêves, mais de la réalité.

Toi, tu es mère, tu côtoies cette réalité difficile. L'enfant de tes entrailles est si semblable et si différent de toi, tu veux pour lui l'avenir le plus beau et le plus humain possible ; tu as des désirs pour lui. Tu voudrais qu'il puisse vivre et vivre heureux, qu'il ne soit pas considéré comme différent par la société parisienne.

De même, un de mes amis, père de Chris, garçon légèrement autiste, atteint du syndrome d'Asperger, m'écrit qu'il aurait tellement voulu que son enfant puisse être pleinement lui-même, unique, libre de s'exprimer comme il veut, mais aussi qu'il puisse se conformer aux attentes de la société et ne soit pas regardé comme différent. N'est-ce pas la difficulté et la souffrance de tant de parents ?

J'étais un peu triste que tu n'aies pu rencontrer, durant ton séjour en Norvège, une très belle communauté, « Mariahuset », à Oslo. C'est vraiment une Arche miniature : trois enfants devenus désormais adultes, profondément psychotiques, ont vécu là avec quelques personnes dans une joie imprenable. Cette communauté est au cœur de la vie de nombreux voisins et amis provenant d'Églises luthériennes et catholiques ; ils y découvrent un sens nouveau pour vivre plus humainement.

J'ai participé aux trois jours de l'OCH[1] ; nous avons fait la fête avec des danses, du théâtre, la messe à Notre-Dame. Au milieu des rires et des sourires, nous avons connu des moments de grande émotion, écouté des conférences bouleversantes, participé à des ateliers pour creuser certaines questions. Une espérance est née chez beaucoup.

A jailli aussi le cri de tant de mamans et de papas profondément meurtris par une vie d'où tout espoir est absent ; le cri pour leur enfant atteint d'une

1. L'Office chrétien des personnes handicapées fut fondé par Marie-Hélène Mathieu à Paris, en 1971, pour venir en aide aux personnes en situation de handicap et à leurs parents.

maladie mentale, leur enfant polyhandicapé, leur enfant pris dans la toxicomanie, la délinquance des enfants révoltés par la tyrannie de la normalité et qui ne pouvant entrer dans ce monde s'en échappent par l'imaginaire et le virtuel.

Ces hommes et ces femmes blessés côtoyaient aussi ces jeunes « bien nés » qui ont réussi leur scolarité et se préparent à d'autres études, des jeunes généreux, ouverts, sympathiques, venus pour aider, rendre service durant ces trois journées de fête. Oui, deux mondes…

Comme d'autres, Halvor Hanisch semble percer ce voile qui sépare ceux et celles qui réussissent de ceux et celles qui végètent dans l'échec. En France, Denise Legrix, née sans bras ni jambes, peintre de la bouche, qui se débrouillait merveilleusement pour donner des conférences passionnantes, ou Alexandre Jollien, auteur de plusieurs livres[1], obéissent à la même démarche. Quel courage, quelle énergie, quelle victoire de leur esprit sur leur corps ! C'est la révélation de la résilience chez tant d'hommes et de femmes qui ont souffert, mais qui se relèvent pour faire face à la réalité.

Depuis toujours, les gens ont divisé le monde entre bons et mauvais, normaux et anormaux. Les bons, c'est « mon groupe », « ma classe sociale », « ma culture », « ma religion », dans lesquels je me replie plus ou moins. Ces bons sont beaux et performants, leurs parents et grands-parents en sont fiers. Les mauvais sont en prison, dans la rue, ils sont alcooliques, étiquetés imbéciles, fous, on les incarcère dans des institutions, ce sont les

---

1. Voir *Éloge de la faiblesse*, Cerf, 1999. *Le Métier d'homme*, Seuil, 2002. *La Construction de soi*, Seuil, 2006. *La Philosophie de la joie*, Textuel, 2008. *Le Philosophe nu*, Seuil, 2010.

sauvages de pays lointains, les excommuniés, les défroqués...

La peur sépare ces deux groupes.

En chaque être humain existent des forces de peur : la peur de l'échec, de ne pas être estimé, de la souffrance, de la mort, la peur de basculer dans le groupe des mauvais, des exclus. Rappelle-toi les premiers mots de l'« humain » Adam quand il s'est échappé avec Ève de l'étreinte de paix du Créateur au chapitre III de la Genèse : « J'ai peur, car je suis nu, et je me suis caché. » Oui, nous, êtres humains, sommes de grands faibles, terriblement vulnérables, terriblement nus ; nous n'avons pas choisi de naître comme nous sommes, d'être un homme ou une femme, d'être issu de telle culture, de tel milieu, de venir au monde avec des difficultés physiques. Ce à quoi s'ajoutent les souffrances de la vie, tout ce qu'on subit, les grandes faiblesses, les rejets, les séparations, les abandons, les angoisses, la mort.

Les jeunes enfants sont peut-être les seules personnes aimées pour leur faiblesse et leur vulnérabilité. Le bébé n'a pas peur parce qu'il est aimé, il n'a nul besoin de se cacher, il est exposé là, tout nu, dans toute sa vulnérabilité, et en est heureux. L'amour de la mère, sa tendresse, ses mots pleins de douceur révèlent à l'enfant qui il est : il est précieux, il a une valeur, il est quelqu'un. En même temps, sa confiance stimule le cœur de la mère, par lui elle découvre qui elle est. Puis, peu à peu, l'enfant grandit, il entre dans le monde de la normalité, il doit réussir, obtenir de bonnes notes, devenir performant, admirable aux yeux des autres, et se conformer par là aux « désirs » de ses parents. Il risque alors de perdre sa conscience personnelle, faite de communion et de liberté. Retrouvera-t-il un jour le regard qui lui disait comme auparavant : « Je t'aime comme tu es, non à cause de tes réussites ; j'aime tes capacités et ton corps tels qu'ils sont » ?

Dans ma première lettre, je t'ai parlé d'Éric, mais je ne t'ai rien dit de sa mère. Une femme simple, travailleuse : elle avait trois autres enfants et son mari routier était souvent absent. Quand Éric est né avec un lourd handicap, aveugle et sourd, elle a été plongée dans la confusion, elle en a été très meurtrie. Pour beaucoup, l'existence d'un « mauvais fruit » est liée à celle d'un « mauvais arbre ». À qui la faute ? Pourquoi moi, pourquoi nous ? Terrible et lancinante question. Est-ce une punition de Dieu, de la Nature ? C'est la question que les disciples posèrent à Jésus dans l'Évangile selon saint Jean.

Les médecins se sont sentis démunis devant Éric : « Il va falloir le placer », ont-ils dit à sa maman. C'est ainsi qu'il s'est retrouvé à l'âge de quatre ans à l'hôpital psychiatrique de Clermont, dans l'Oise. Sa maman est venue une fois, de loin, pour le voir, mais elle a été si choquée par les conditions de l'hôpital qu'elle n'y est plus retournée. Nous avons rencontré Éric quand il avait seize ans. Je crois que je n'avais jamais vu un jeune homme éprouvant autant d'angoisses. À l'hôpital, il était marginalisé – rien d'étonnant à cela, ses accès d'angoisse étant si forts. Qui était-il au juste ? Avait-il une place sur terre ? Certaines personnes sont sujettes à des angoisses abominables, assorties de gestes d'autodestruction, car elles ne savent plus qui elles sont : tu connais bien cela, avec tes patients. Comment s'en sortir ? Elles ont besoin de quelqu'un qui les respecte, les comprend, les écoute profondément.

Éric est donc venu chez nous, dans le foyer que tu as visité. Ce n'était pas facile de vivre quotidiennement avec lui dans l'espérance et la joie. Il a fallu du temps pour qu'il se sente en sécurité, hors de danger et de la menace de maltraitances, mais aimé, respecté, pour se sentir quelqu'un, accepter l'idée qu'il a le droit de vivre et d'éprouver des désirs. Il a fallu apprendre à communiquer avec lui à travers son corps. Peu à peu, il est devenu plus paisible.

Le quotidien à l'Arche n'est jamais facile. Il est même parfois pénible, mais on l'a choisi, on apprend à ralentir, à travailler en groupe, à mettre sans cesse la personne au centre. Nous vivons de merveilleux moments de joie, de plaisir, de rencontre entre les personnes. La main d'Éric placée doucement sur ma main : tous les soirs, nous nous installions au salon pour jouer de la musique, chanter et prier. Nous étions ensemble après une journée parfois stressante, heureux d'être là en paix, célébrant en quelque sorte notre commune humanité blessée. Nous goûtions le silence, parfois interrompu par les cris de Loïc ou de Marie-José. Le corps parfois envahi de paix, Éric s'endormait alors sur mes genoux. Ces moments de grande tendresse donnaient sens à nos vies. J'ose dire que nous devenons humains non pas au travers de grands moments de réussite, de bruyants applaudissements, mais avant tout par les mille et un gestes d'amitié et d'amour, comme par les mille et un moments d'échec, d'humiliation, de conflit, de pardon quotidiens. Nous devenons des vivants non en fuyant la réalité dans les illusions du pouvoir, mais en accueillant cette réalité difficile et en y réagissant avec vérité et justice.

Je voudrais maintenant revenir à ta lettre et à l'histoire du Dératisateur : tuer ou diviniser l'enfant qui est sujet d'inquiétude ? Dans les deux cas, on fuit le quotidien. Cet enfant est-il un signe de Dieu ou du diable, une beauté inaccessible, un rêve, le ravi, « un briseur de cœur » ou un objet d'horreur et de répulsion ? Entre ces deux extrêmes, le « vivre avec » a toute sa place. Vivre avec, ce n'est pas faire du bien avec générosité, mais reconnaître qu'Éric est un être humain avec des désirs ; entrer dans une relation de confiance, d'écoute mutuelle avec lui. Les murs commencent à tomber, les peurs à s'évanouir. Tu désignes cela, je pense, du mot « charité », mais ce vocable est ambigu. Il a souvent été associé à la générosité et à la bonté du chrétien qui « se penche » sur le pauvre. Pour moi, l'attitude de rencontre est ce qu'il y a de plus humain, elle devrait exister dans toute relation.

J'ai beaucoup aimé ce que tu dis d'Eyolf et du regard. Demeurer dans le regard, les yeux dans les yeux, éveille un désir d'intimité. Le plus souvent, nous détournons les yeux pour que ce regard presque intime ne dure pas. L'autre jour, Jean-Michel, atteint de trisomie 21, me regardait fixement. Je le regardais tout aussi fixement dans les yeux. Nous sommes restés là, avec ces regards partagés, sans aucune gêne. C'était si simple ! Il me regardait, je le regardais. N'est-ce pas la même chose avec le bébé ? On peut se regarder, sourire, demeurer ensemble dans le regard.

Comme tu le soulignes, ce regard pur et limpide de l'enfant peut inquiéter. Il touche des zones cachées qu'on ne peut ou ne veut pas reconnaître ; il entre dans le souterrain de nos vies, là où loge la peur de la mort ; il éveille peut-être de la culpabilité. Changer notre regard implique que nous acceptions d'intégrer la mort. Mais comment est-ce possible dans une société qui en a si peur ?

Alors se pose la question : « Qui veut vivre avec Éric ? » Qui est assez fou pour vivre avec des personnes si démunies, sans les fuir ni les idéaliser ? Où trouver la motivation, l'énergie pour vivre de la sorte ? Et cette autre question : quel est le sens, le vrai sens de la vie d'Éric ? Quel est le sens de la vie de ces enfants des bidonvilles d'Amérique latine, de tous ces Lazares mendiants, de ces orphelins séropositifs ?

Je sens monter en moi la colère contre la tyrannie de la normalité. J'ai vécu la guerre, c'était horrible. L'oppression des pauvres et des faibles est horrible. Existe-t-il une voie qui conduise à la paix ? La fraternité est-elle possible ? Peut-être un humanisme nouveau pourrait-il se répandre dans une civilisation nouvelle si les cœurs fermés sur eux-mêmes ou sur leur groupe à cause de la peur se transformaient, s'ouvraient à d'« autres » différents ?

Dans son livre sur l'enfant, Érasme dit en quoi celui-ci diffère de la semence d'un arbre. Plante une graine, tu obtiendras un arbre. L'enfant, lui, a besoin d'être aimé tendrement, d'être éduqué, il a besoin d'un milieu sécurisant, de modèles qui lui montrent le chemin de l'ouverture aux autres.

Nous avons une communauté en Ouganda. Des militaires ont découvert en forêt un enfant élevé par des animaux ; il marchait et criait comme eux. Les militaires l'ont emmené à l'hôpital, d'où il a été orienté vers notre communauté. Peu à peu, à travers des mains humaines qui le touchaient avec amour, respect, tendresse, grâce à des paroles humaines pleines de bonté et de douceur, il a commencé à vivre comme un être humain. Il avait certes besoin aussi de fermeté pour l'aider à devenir plus humain.

Devenir humain, pour quelqu'un comme Robert, demande du temps, il ne parlera jamais, mais est devenu une joie pour la communauté. L'amour et la patience qu'il a reçus, il peut maintenant les prodiguer aux autres.

Revenons encore à la question primordiale : qu'est-ce qui permet au cœur humain de s'ouvrir sans peur à la différence de l'autre, de ne plus s'enfermer dans la peur de l'échec, de risquer l'ouverture ? Comment accueillir l'étranger, celui qui est différent, celui qui n'est pas de ma langue, n'appartient pas à ma culture, est éloigné de mes capacités intellectuelles et humaines ?

L'être humain doit d'abord *être* : être dans la sécurité et la tendresse d'une famille et d'une culture d'où il pourra découvrir l'autre différent. Il se sent ainsi faire partie de la même famille humaine, composée d'ethnies, de religions, de cultures différentes, où chaque personne est sans prix. De telles rencontres peuvent ou l'enrichir ou lui faire peur. L'autre est-il un rival ou un frère, une sœur ? L'omniprésence de la normalité oblige souvent les gens à croire qu'ils n'existent que s'ils surpassent l'autre par leur réussite. Comment le cœur humain peut-il, à l'inverse, embrasser l'universel dans son désir que l'autre différent soit bien et heureux au sein de la famille humaine ? Comment va-t-il s'ouvrir au monde de ceux qu'on a catalogués mauvais, idiots ou anormaux ? Quel processus mettre en œuvre pour transformer les cœurs ? Qui peut changer un cœur de pierre en cœur de chair ?

Dans sa jeunesse, saint François avait les lépreux en horreur. Il était un « Dératisateur ». Un jour, écrit-il dans son testament, le Seigneur l'a conduit vers eux. Il s'est occupé d'eux, puis les a quittés au bout d'un certain temps. Il s'était alors senti investi d'une nouvelle douceur dans son corps et son esprit. Il avait découvert que ces lépreux étaient des hommes et des femmes blessés par la maladie et le rejet, mais aussi assoiffés de vraies rencontres, dotés de cœurs vulnérables, hommes et femmes aimés de Dieu.

Oui, tu as raison : l'évolution du regard de l'Église et de l'humanité est bien lente. D'abord nous rejetons celui qui est différent ; après un certain laps de temps, nous voulons bien nous occuper des « pauvres », leur assurer logement et nourriture. Puis nous les aidons à se développer, à travailler, à gagner une autonomie. Ils deviennent ainsi des sujets politiques. Ceux et celles qui s'occupent d'eux révèlent alors la bonté de Dieu et cultivent celle de l'humain. Ils nous font découvrir peu à peu que les personnes avec un handicap ont le don de nous aider à entrer dans un monde relationnel, fait de communion, qui nous conduit vers une transformation de nos cœurs.

Telle est la découverte faite à l'Arche : Éric, si on nouait une relation véritable avec lui, nous aidait à devenir plus humains, à être ce que nous étions en profondeur, à nous dégager de la tyrannie de la normalité. Cette vie avec Éric n'était pas juste une belle révélation du divin, un simple moment de grâce.

Ceux et celles qui viennent à l'Arche y arrivent souvent avec un désir d'aider, un élan de générosité. Cet élan et ce désir aboutissent pour certains à des rencontres de personne à personne. L'assistant devient plus vulnérable ; confronté naguère à son désir de performance et de normalité, il découvre l'importance de la relation. La rencontre devient alors alliance.

L'humanisme nouveau auquel nous aspirons implique une transformation des cœurs et des esprits. Cette transformation nous entraîne vers une forme de compassion qui ne consiste pas à pleurer sur l'autre, mais à l'aider à se relever et à marcher avec lui. Apparaît alors le désir de créer un corps pluriel, ouvert, où chacun ait sa place. N'est-ce pas cela, la vie communautaire ? Créer non pas une pyramide pour les plus performants, mais un ensemble où chacun, avec ses faiblesses et ses forces, se sente admis, reconnu, aimé.

Ce nouvel humanisme implique un vrai travail sur soi. Comme disait Martin Luther King, pour éviter de mépriser les autres, si différents de nous, il est indispensable de s'accepter soi-même, avec ses faiblesses et ses handicaps. Alors seulement nous pouvons entrer humblement et avec grand respect dans une relation authentique de personne à personne, une vraie réciprocité. C'est le travail de toute une vie, une longue et belle route qui nous fait monter vers l'universel et l'infini, mais aussi descendre vers les lieux de misère et de saleté, chez d'autres et en soi-même, car Dieu hante aussi et surtout les lieux où règnent la détresse, la maladie et la boue.

Peut-être la prochaine fois t'écrirai-je sur la façon dont je vois une possibilité d'authentique changement dans notre société, et dont les personnes en situation de handicap pourraient être mieux reconnues, trouver leur place ; la façon de rompre leur isolement alors même que la société feint de les admettre en leur reconnaissant un statut théorique.

Merci, Julia, de poursuivre cette correspondance. J'aime approfondir ces questions avec toi.

Je t'embrasse,

Jean.

Paris, le 29 novembre 2009

Cher Jean,

Au fur et à mesure que notre correspondance dessine entre nous des complicités et des solidarités, il me semble qu'elle révèle aussi des « petits riens » qui nous différencient et qui ne sont peut-être pas que des détails secondaires. Oserons-nous les approfondir pour introduire l'esprit du débat dans le cours de nos échanges ?

Je retiens deux mots dans ta dernière lettre : *célébrer* et *bébé*. Deux passages : avec « la main douce d'Éric posée sur la mienne », écris-tu, « *célébrant* en quelque sorte notre humanité blessée » ; et à propos du « regard presque intime » mais qui « ne dure pas » avec les personnes handicapées, alors que tu le « partages sans aucune gêne » avec Jean-Michel : « N'est-ce pas la même chose avec le *bébé* ? » On peut se regarder, sourire et demeurer dans le regard…

Tu me prêtes des désirs avec et pour David : pour « qu'il ne soit pas considéré comme différent par la société parisienne », écris-tu. Puis-je t'avouer que je ne me reconnais pas dans ces propos ? Évidemment, je me défie de ma réticence : ne trahit-elle pas une dérobade par rapport à l'arrière-pensée que tu me prêtes et que peut-être je me cache ou dénie tout en l'éprouvant ? Pourtant – est-ce le chemin que j'ai accompli depuis les premiers indices de la maladie neurologique dite « orpheline » de mon fils ? est-ce mon parcours philosophique, mon expérience clinique de psy, ou encore mon interminable auto-analyse par la force de l'écriture, qui m'ont forgé une autre attitude bien différente de celle que tu me supposes ? –, je ne crois pas « avoir des désirs pour lui », encore moins avoir « rêvé », ni avant sa naissance, ni quand on a découvert son handicap, ni maintenant, que mon enfant puisse ne pas être « différent » dans quelque société que ce soit. Différente je suis, différent est son père, différents sont tous les humains.

Le mot « différent », sous ta plume, semble un euphémisme qui se défend de penser cette *différence spécifique* qu'est le handicap. Nous voici ramenés à ma lettre précédente : je te faisais remarquer que la vision caritative englobe le handicap dans la catégorie générale des « pauvres » (selon les textes anciens) ou des « différents » (comme on dit aujourd'hui pour ne pas blesser), et je prétendais qu'il importe de s'interroger en quoi cette différence-là, qui est un déficit croisé (au croisement d'un corps et d'une société), expose ceux qui en sont porteurs et ceux qui les accompagnent à une incomparable exclusion. Elle concerne l'aptitude d'un être vivant à faire sens et à participer au pacte social. Parce qu'il excède largement les « différences » économiques, sociales, ethniques, nationales, religieuses ou raciales. Il faudrait que nous y revenions un jour, si tu veux bien.

Restons pour l'instant avec l'image, que tu sembles partager, du *désir maternel*, dans laquelle je ne me suis pas reconnue non plus. Pas davantage que je ne me suis reconnue dans les propos de ces mères bouleversantes, venues des zones sensibles, que j'ai entendues mercredi, au forum du CESE[1], pour la Journée des femmes battues, où l'on nous a annoncé que la « violence faite aux femmes » devenait une « cause nationale » dans notre pays pour l'année 2010. Les intervenantes, pourtant révoltées, avaient parfaitement intériorisé ce que LA société demande aux parents, et plus encore aux mères : réussir à gagner la meilleure des places dans « le système », un système fait de « places » et non de personnes singulières. J'ai pensé à Céline : « Le prolétaire est un bourgeois qui n'a pas réussi. » « On veut que nos enfants réussissent, qu'ils réalisent ce que nous n'avons pas pu avoir ni faire », disait en substance une de ces femmes. Applaudissements frénétiques de la salle. Décidément, je n'étais pas dans le ton, j'aurais plutôt dit : « J'aime mon enfant tel qu'il est, je voudrais l'aider à découvrir ses désirs et à les réaliser selon ses possibilités. »

Deux manières d'être mère ? Mais qu'est-ce qu'une mère ? Telle me semble être la première question que nous devons nous poser avant de nous demander : qu'est-ce qu'une mère de personne handicapée ?

Je le répète souvent, et je te prie de m'en excuser : la sécurisation est la seule attitude qui n'a pas de discours sur la maternité autre que celui du consumérisme (« on se saigne aux quatre veines pour leur acheter tout ce qu'ils [nos enfants] veulent »), de la pédiatrie (la réparation du corps remplace la vie intérieure) ou, à la limite, de la pédopsychiatrie (quand cette vie intérieure s'avère trop douloureuse et gênante). Et je risque une réponse simple.

La « suffisamment bonne mère » (pour reprendre à ma façon cette chimère inventée par le meilleur spécialiste moderne en la matière, le psychanalyste anglais Donald Woods Winnicott) est capable de

1. Comité économique social et environnemental.

dépassionner la passion maternelle – c'est-à-dire de se déprendre de l'emprise possessive qu'une mère a tendance à exercer sur « son » enfant imaginaire et qui le fait osciller entre l'enfant-objet et l'enfant-roi – pour penser du point de vue de l'autre.

Les femmes de notre Forum, victimes de violences conjugales, projetaient sur leur progéniture le désir d'avoir auprès d'elles une « réussite » (celle du chef, de la star, du trader..., bref : une sorte de roi) pour réussir elles-mêmes à oublier les larmes, les colères, les brutalités en tout genre qui débouchent, en cas d'échec, autant dire toujours, sur l'insupportable, l'inévitable réalité... Faut-il être une sainte, comme Thérèse d'Avila, pour construire une *autre maternité*, que la carmélite définit ainsi : « ne pas seulement jouir de soi et pour soi », mais « penser du point de vue de l'autre » et « ne jamais se lier les mains » ? Pour une moniale extatique qui se voue à Dieu non seulement de toute son âme, mais de tout son corps, cette maternité « symbolique » (elle s'adresse alors à ses sœurs, dont certaines vont devenir mères supérieures ; je pense aussi à ces femmes qui ne sont pas génitrices, mais prodiguent des soins maternels : les soignantes, les enseignantes, les assistantes sociales...) exige qu'une femme puisse se créer un « autre moi ».

Il s'agira d'un « moi » maternel qui « s'exile », dit-elle, du « moi » confondu avec ses ambitions, désirs, plaisirs et autres réussites, pour accompagner avec une énergie sans bornes (« qui me liera les mains ? »)... quelqu'un d'autre. Qui est cet « autre » ? Bien plus que nos rencontres avec un homme ou une femme, qui, dans l'amour ou la haine, suscitent identification ou rejet, idéalisation ou conflit, c'est la rencontre de la mère avec son enfant qui lui fait découvrir – ou non – un « nouveau venu », un « inconnu » : aurore de l'altérité. « Non pas “mon double" parce que "mon Moi idéal" : cette passion-là, je la vis avec le père de mon enfant, dans la dyade sadomasochique de la fusion érotique. Au contraire, si je suis une mère qui ne se contente pas d'être la génitrice d'un meilleur soi-même, d'un soi-même qui "réussit" – eh bien, l'enfant est le premier autre qu'il m'est donné de séparer/arracher de moi : ni "Moi" ni "mon objet", mais le premier sujet de l'hominisation, au sens fort, d'un pacte entre personnes différentes. En lui donnant la vie, je m'"estrange" à moi-même et accueille un étranger. » Ainsi commence à se construire un lien fait d'altérités respectables parce qu'elles ajustent des différences et traduisent aussi bien des « cartes génétiques » singulières que des projets subjectifs imprévisibles.

J'avoue, cher Jean, que je tire ici à moi les ardeurs très théologiques de la maternité selon Thérèse d'Avila ; mais je crois ne pas trahir sa logique profonde, qui combine l'exil de soi avec cette intelligence active qui se place du point de vue d'un autre : le *tiers* qu'est l'enfant face au couple parental. Je pensais à Thérèse en écoutant les jeunes femmes de *Ni putes ni soumises*, pour leur dire qu'une mère, fût-elle la plus passionnément attachée au « fruit de ses entrailles », s'en dépassionne et construit une relation à cet autre sujet dans un délicat dosage d'exil de soi et de proximité avec ses vulnérables besoins et désirs infantiles. Pour que cet enfant ne soit pas un « rejeton » de son ventre à elle, ni même un « héritier » du clan génétique ou social forcément promis à la réussite ! Mais qu'il devienne une personne singulière.

Tu t'en doutes, je n'ai rien dit, j'ai gardé mes cogitations pour toi. Ce n'était pas vraiment le sujet du Forum, ce mercredi, au CESE : la secrétaire d'État à la Famille et à la Solidarité a vite fait de s'emparer de la parole pour nous expliquer que les « violences faites aux femmes » vont s'arrêter quand on pourra mettre des bracelets électroniques aux poignets (à moins que ce ne soit aux chevilles ?) des maris violents, assassins, et offrir des téléphones portables équipés de GPS aux femmes menacées de mort : pour pouvoir localiser, à la seconde près, ces brutes. Il paraît que ça marche déjà en Espagne : 40 % de victimes en moins depuis que le dispositif fonctionne ; mais on devait apprendre, à la sortie du Forum, que l'imagination de la secrétaire d'État prenait quelques libertés avec les chiffres, quinze bracelets électroniques seulement ayant été utilisés à ce jour outre-Pyrénées… Dont acte, pourquoi pas ?

Mais avant d'en arriver là ? La relation homme/femme est-elle fatalement pathogène et mortifère ? Peut-on se donner la peine de comprendre l'alchimie qui constitue la femme elle-même, ce mélange explosif de femme-amante, femme-mère et femme-qui-travaille ? Car si la Mère est un Moi tout-puissant et non moins perpétuellement déçu, blessé, voire meurtri, qui projette ses désirs en désirs de réussite forcément nécessaire au bien-être de sa progéniture, l'enfant « objet » ou « roi » risque d'avoir beaucoup de mal à survivre sous le poids de ce trop-plein de désirs impensés.

Tout cela pour te dire, mon cher Jean, que l'hypothétique « suffisamment bonne mère » qui veille en chacune de nous sans forcément prendre la parole, et dont j'essaie de compléter le portrait, ne cesse de découvrir et d'accompagner la singularité, voire l'étrangeté de son enfant : afin de lui permettre non pas de réussir à sa place à elle, mais de « réussir » ce qui lui est inconnu, à lui comme à elle. Pour le dire autrement, elle essaie de lui assurer les conditions dont il a besoin pour construire sa liberté : de lui « lâcher les baskets », si tu veux, tout en les lui achetant, si nécessaire, quand il n'en a pas et qu'il n'en a pas les moyens.

En d'autres termes encore, la maternité symbolique telle que je l'entends est un processus permanent d'adoption d'étrangetés. Et d'*éclosions* – au sens que Colette, la grande écrivaine française, prêtait à ce terme floral qu'elle aimait : par quoi j'entends le perpétuel renouvellement, une cascade de surprises dans la vie du corps et de l'esprit. Pour le meilleur comme pour le pire.

Celle qui « regarde, sourit et demeure dans le regard » du « petit bébé » dont tu parles préfère ne pas penser au « pire ». Tu as raison : le « bon sens » adule le bébé-mirage d'innocente pureté, le bébé-miracle d'infinies promesses. Ces bons sentiments (maternels et paternels) sont-ils naturels, ou bien le « bon sens » ne projette-t-il pas là son rêve d'autarcie paradisiaque sur un écran vierge, inoffensif, impotent : le bébé, justement ? Saint Augustin l'avait déjà écrit, les mères le savent et les psys s'en préoccupent : il existe des bébés méchants, schizo-paranos et même déprimés. Mais les femmes, les hommes et la paix sociale ont besoin de petits anges pour incarner leurs rêves asexués de paradis perdu. D'ailleurs, et heureusement, la civilité sociale parvient à faire de ces figures imaginaires, et de la communion avec elles, un code d'éducation qui culmine dans le culte du Petit Jésus auquel le christianisme doit une part essentielle de sa puissance planétaire. Une civilité qui ne se dément que dans les passages à l'acte de mères qui congèlent leurs fœtus, de pédophiles internautes violeurs d'enfants ou de parents infanticides : cas plutôt rares, tout compte fait.

Tu as raison, l'expérience de la maternité se ressource dans ce bébé-mirage et miracle, et elle s'en sert pour se protéger de l'alchimie explosive de sa propre psycho-sexualité féminine et maternelle. Mais, pour tenir dans la durée de la vie et avec la vérité des corps désirants et tuants, la mère n'en reste pas à la contemplation. Inlassablement, elle « intuitionne », invente, se transcende elle-même : sans le savoir, sans pouvoir le dire, laissant parler à sa place le prêtre, le médecin, le psy. Dans cet indicible accompagnement de ce qui s'écarte de la norme et de l'idéal – en deçà ou au-delà, par défaillance ou excès, maladie ou génie –, elle guide l'enfant à devenir cette personne unique qu'est chacun de nous, qui échappe (plus ou moins !) à l'emprise maternelle, et, avec un peu de chance, à la norme sociale elle-même. C'est là que réside le mystère de la maternité : débusquer, protéger, éveiller le différent pour qu'il soit reconnu et partageable. Si elle est « suffisamment bonne », une mère sait d'un savoir inconscient qu'elle restera avec ce même regard et à la même place « quoi qu'il arrive », peut-être le « pire » pour celui qui ne sera plus le même « bébé idéal » ou « enfant-roi », mais toujours le « bien venu » : pour qu'elle le reconduise à la vie et au monde au fil de continuels accouchements.

Mais la mère d'un enfant handicapé ? J'entends ton impatience. Eh bien, *c'est la même chose*. À cette différence près, et elle est éprouvante, qu'il lui faut accompagner, traverser et traduire la rencontre avec cette *irrémédiable différence* qu'est la *déficience*. Comment serait-ce possible ? Coupables et chargées de honte, meurtries à jamais, certaines s'écroulent, s'accusent de toutes les fautes de la terre. D'autres abandonnent l'enfant – rarement, mais cela arrive. Restent trois autres possibilités. Soit la mère ne veut pas savoir : elle n'admet pas, au fond d'elle-même, la déficience neurologique, sensorielle, motrice, etc., de son enfant, et s'enferme dans un hors-monde à deux, monade imaginaire et idéalisée qui tourne vite en guerre sans issue avec l'intraitable réalité sociale.

Soit la mère glorifie ce déni jusqu'à le considérer comme un signe d'élection (embrassant ainsi certaines croyances religieuses), et en essayant de trouver ou de créer une communauté protégée, havre de charité, où son enfant vivra coupé de l'hostilité ambiante, assuré de la plus sincère des compassions possibles que prodiguent depuis des siècles les ordres caritatifs. Ou bien encore, cette déficience confronte les deux parents (on parlera une autre fois du père, veux-tu ?) à leur propre vulnérabilité personnelle, à sa profondeur jusque-là ignorée. Je suis comme cette mère choquée, assommée, rencontrant sa propre mort – oui, mon Jean, j'ai connu de ces moments bien avant David et aussi avec lui, et que j'ai appelés une « dissociation passagère » (n'oublie pas les guillemets !) pour mieux insister sur deux choses.

D'abord, l'expérience de notre mortalité. Je ne parle pas de la mort abstraite dont traite la philo (« philosopher, c'est apprendre à mourir », etc.) ; ni même des soins palliatifs que nous, populations vieillissantes des démocraties médicalisées, devrons subir bon gré mal gré, un jour ou l'autre. Mais du *contact* symbolique, imaginaire et réel, qu'un être humain est capable d'éprouver avec sa propre mortalité en cours, et ce, tout au long de la vie. Oui, la psychanalyse a découvert que l'inconscient est non seulement une mise en acte des désirs (y compris des désirs de « réussir » !), mais une mise en acte de la destruction de soi et d'autrui. Oui, la clinique psychanalytique de Freud et d'après Freud préfère privilégier la mise en acte des désirs érotiques dans l'écoute de l'inconscient. Cependant, à l'occasion de certains traumas ou désordres psychosomatiques, on commence à découvrir la place centrale de la mortalité (destruction et autodestruction) dans le psychisme de l'être parlant, ainsi que son rôle majeur dans les activités créatrices, par exemple l'art et la littérature. J'entends cette « mise à mort » à l'œuvre dans le discours de mes patients ; je la lis dans l'avidité qui nous pousse à créer des œuvres comme autant de barrages contre la guerre des « ego », comme les témoins d'implacables guerres des goûts ; j'essaie de l'élucider en moi-même. Pourquoi ? Non par complaisance envers le sadomasochisme érigé en maître du monde, glauque marécage pour adolescents gores ou écrivains essoufflés de rituels obsessionnels et d'impuissances stylistiques. Mais pour essayer de traverser ces abîmes en éclairant leurs logiques et être capable – à ce prix seulement – de cet « exil de soi » qui permet à un homme, à une femme, de penser du point de vue d'un autre – autrement désirant et éphémère.

L'expérience du handicap invite chacun à se placer en ce lieu-là, et la mère de la personne handicapée est la première à s'y risquer de tout son être. Est-ce la « sentinelle de l'Invisible » que célébrait le pape Jean-Paul II dans la Vierge ? Je ne sais. La sentinelle est un gardien, redoutable cerbère, image trop phallique, certainement valable pour une mère prête à se battre pour protéger à tout prix son enfant déficient des actes comme des regards hostiles – et quelle abnégation dans cette posture ! Mais une sentinelle tourne le dos à ce qu'« on » ne veut ou ne peut pas voir, aux souffrances et aux combats qui ne se laissent pas voir…

Mère d'une personne en situation de handicap, j'essaie de ne pas tourner le dos à la mortalité ; je la partage, j'en suis, et c'est seulement à cette condition que je peux accompagner la vulnérabilité. En espérant favoriser – avec elle et en la traversant – des éclosions de créativité chez David. Je sais : par chance, ses problèmes sont peut-être mineurs, comparés à d'autres, et il trouve sa place dans un monde que nous (lui, son père et moi-même) essayons de rendre plus généreux en « éclosions » pour tous. Mais – pour être juste avec lui et lui permettre de réaliser ses propres potentialités –, je n'ai pas besoin du regard naïf qu'une mère est supposée porter au « petit bébé », et moins encore de l'envie de le faire « réussir » là où j'ai échoué. Je vis avec sa défaillance, avec ce que je perçois, éprouve et pense de sa vulnérabilité. Et jusqu'à la mortalité qui est substantielle à cette vulnérabilité-là comme à la mienne.

Tu évoques l'humanisme d'Érasme, éducateur d'enfants. Tu te rappelles sans doute qu'il attribuait le « charme des enfants » à la « folie qui leur épargne, avec la raison, le souci ». Et qu'il essayait de civiliser les complexions cracheuses, bâilleuses, morveuses, hirsutes, quand elles n'étaient pas crottées, de ces petits fous : de les arracher à tous les maux de l'animalité. Presque handicapés, ces sujets soumis à son *Traité de civilité puérile* ? Il fallait donc inventer une attitude que ta générosité joyeuse ne peut qu'apprécier : Érasme demandait à l'éducateur de « revivre l'enfance » – rien que ça ! – en éduquant l'enfant par le truchement du jeu : « *Praeceptor quadammodo repuescat oportet, ut ametur apuero.* » Il ne suffit pas de se remémorer l'enfance ni de la mimer : il est impératif de la revivre.

L'humanisme naissant ne serait donc pas une « célébration » qui risque de plonger les officiants dans la contemplation idéalisante, mais une sorte d'*éjouissance* (dira Montaigne) *lucide* : puisque ce « vivre l'enfance », qui s'accomplit dans la joie par le jeu préconisé par Érasme, n'annule guère la pensée qui juge et différencie. Au contraire : en jouant ensemble, je « fais l'enfant », on fait les fous. Drôle de jeu, avec le risque d'abus que comportent les jeux de l'amour… en toute innocence ? Ici Érasme veille : le *jeu* de l'humaniste ne se sépare pas du *jugement* qui respecte et trace des limites, pour ainsi seulement ouvrir la possibilité de penser. Ce sens du mot *repuescare* – faire l'enfant en s'identifiant à lui, mais par le jeu et sans oublier de juger en fonction des codes sociaux, et jusqu'aux limites du vivant – se trouve même... chez saint Paul (Cor., XIV, 20), tu le sais infiniment mieux que moi : « Frères, ne soyez pas des enfants sous le rapport du jugement ; mais faites-vous enfants sous le rapport de la malice, et, pour le jugement, soyez des hommes faits. »

Saurais-je transposer le « vivre l'enfance » de l'humanisme érasmiste dans un « vivre le handicap » d'un humanisme qui reste à réinventer ? Je me prends au jeu de ce « vivre la déficience » jusqu'à la déjouer, et déjouer la mort. Une certaine joie, une joie certaine. Mais une célébration ? Non, pas vraiment. À moins que, dans ta façon de « célébrer », tu n'entendes cela aussi ? Je loge ma passion dans la place de la personne en situation de handicap, sa vulnérabilité due au déficit ne fait qu'aviver la mienne. Et c'est à ce moment-là, à ce seuil, que ma passion se dépassionne. Tout « en vivant » le handicap, je suis une veilleuse de la vie, et le temps s'espace en d'incessants accouchements. J'ausculte les « progrès » de l'irrémédiable différence pour mieux la soigner, la réduire, si possible, et permettre à l'autre de réaliser ses latences créatives, quelles qu'en soient les limites.

Faisons un pas de plus : peut-on nommer, et comment, cet étrange « vivre la vulnérabilité » en « déjouant la mort » ? Nos paroles sont trop stigmatisantes ou trop idéalisantes : nous parlons DU handicap, nous n'arrivons pas à parler AUX personnes handicapées et AVEC elles, ni à INSCRIRE CETTE EXPÉRIENCE DANS LES CODES culturels. Nous manque le discours de cet humanisme qui serait capable de reprendre et de rénover le geste d'Érasme.

Je participais récemment au jury de la thèse de Denis Poizat en vue d'une habilitation à diriger des recherches en sciences de l'éducation de l'université de Lyon-2, très concrètement dans le domaine du handicap, sous la direction de Charles Gardou, que tu connais. Leur obsession est, tu le sais, de « désinsulariser » le handicap – « novlangue » qui veut dire : changer les regards portés sur les personnes en situation de handicap, les sortir de leur isolement pour qu'elles « interagissent » avec les « autres ». Sais-tu ce que D. Poizat a trouvé, à son insu, dans son pavé en quatre volumes dont le but universitaire est de dessiner une approche interdisciplinaire de cette « désinsularisation » ? D'abord surprise, presque agacée de le voir sauter de Lévi-Strauss à Gilles Deleuze et Albert Cohen, de la loi X au décret Z, de l'Ancien Testament au puissant lobby handicap aux États-Unis, et du Nouveau Testament aux rituels africains exorcisant les « fautes » supposées être cause du déficit, etc., j'ai dû me rendre enfin à l'évidence : Denis Poizat ne fait pas que saturer par une voracité intellectuelle incommensurable cette angoisse que suscite la personne handicapée. Il se tient au seuil où campent la personne handicapée et ceux qui l'aiment jusqu'à vivre avec et à travers son handicap, mais il ne fige pas ce seuil : il le diffracte. Au seuil : ni dans la bulle du blessé, ni sur le nuage de « pas de différence » ; ni dans le regard excluant, ni dans l'affect qui dénie l'irréparable et sa doublure, la mort. Toujours entre deux. Le « langage » traduisant ce seuil tisse un kaléidoscope d'interprétations, réponses, hypothèses, rêveries, documents de tout genre… – en empruntant aux sciences humaines et exactes, en se faufilant à travers arts, littérature, philo, religions, aveux biographiques… Un « langage » ? Un archipel de sites, plutôt, où des bourgeons de pensées abordent divers côtés du mal-être, du non-être, tout autant que ces « éjouissances » fugaces, imaginaires ou réelles, on ne sait trop, qui les pulvérisent… Ça manque de cohérence académique ? Trop de pistes, foisonnement de propositions, multitude d'événements à découvrir, à subir, à souffrir, à venir ? Je respirais avec ce lourd volume qui n'en était pas un : rien qu'un archipel où l'épreuve amorce des myriades d'approches devenues questions.

Et si le handicap ne pouvait se dire que comme ça : par une constellation de pensées qui émiette les disciplines, normes et catégories, et sollicite l'infini du pensable ? En évitant les étiquettes : « tu es ceci », « je suis cela », « être c'est être heureux », « Dieu la bonté »… Mais « en vivant le handicap », précisément, comme une épreuve surdéterminée et qui défie tout ce qui nous enferme dans une convention (« norme », « discipline », « certitude », « réussite »…) prétendant savoir ce qu'HUMAIN veut dire. Tu me suis ? Je dis que « vivre le handicap » en essayant de le penser pour déjouer la mort de ceux qui en sont atteints (en améliorant leurs conditions de vie et en rendant plus délicats ceux qui se croient épargnés), revient aussi à défier la métaphysique. Contre ses catégories, n'est-ce pas aussi une authentique « éjouissance » pour la vie de la pensée ? et pour la vie tout court ?

Continuons, cher Jean, nos lettres en archipel : j'aime ces directions insolites qui s'ouvrent à nous au seuil de la vulnérabilité « désinsularisée ». Et j'attends avec impatience ce que tu me promets sur cette autre et si séduisante utopie : « un changement authentique de notre société », écris-tu ! Allez, on va y croire !

Je t'embrasse,

Julia.

Trosly-Breuil, 15 décembre 2009

Chère Julia,

Oui, j'ai été si heureux de te voir, l'autre jour ; à travers ces lettres, nous cheminons ensemble vers peut-être plus de clarté. J'aime en tout cas tes réactions fortes, vivantes, intelligentes.

De mon côté, je continue ma vie assez cachée dans ce petit village de Trosly-Breuil où je me sens heureux. Nous accueillons tous les jours soixante hommes et femmes en situation de handicap pour travailler dans nos ateliers. La plupart vivent dans leur famille, lesquelles sont parfois blessées culturellement. Leurs soucis ne sont apparemment pas très élevés : travailler et rentrer chez soi avec un peu d'argent, vivre des loisirs avec des copains et des copines. Nos soucis sont autres : les aider, en venant ici, à devenir plus humains, à s'ouvrir aux rencontres confiantes, à se réjouir des réussites au travail, à vivre des célébrations où ils chantent et dansent, à devenir créatifs, parfois aussi à faire des voyages en Angleterre, au Portugal ou ailleurs afin de découvrir le monde.

Comme tu peux l'imaginer, nous vivons en ce moment la préparation de Noël dans nos foyers. Au Val Fleuri, nous allons tous chanter des chants de Noël, la veille, en cheminant de maison en maison à travers le village – soirée une peu froide, mais nous aurons chaud au cœur et au corps, surtout quand nous ferons halte chez un de nos voisins qui aura préparé du vin chaud pour chacun !

Je prends tous mes repas dans ce foyer (pas celui de la Forestière où tu as mangé il y a quelques mois) avec Stéphanie, André, Éric, François et bien d'autres. Le plus souvent, surtout quand Cariosa et Cécile sont là, nous rions beaucoup à partir de petits riens de la vie. Je suis sûr que ce ne sont pas des rires feints, des « rires-fuites », mais bien des rires qui jaillissent du « plexus solaire » et qui font fondre en partie et pour un moment nos systèmes de défense vis-à-vis de l'angoisse. Angoisse : signe de mort, parfois intégrée, parfois mal intégrée. Ces rires peuvent devenir presque une forme de contemplation. Nous sommes ensemble les uns avec les autres dans un autre monde : celui de la joie.

Certes, comme tu l'objectes, il y a des différences entre les différents. Les murs entre Palestiniens et Israéliens disparaîtront peut-être un jour ; les personnes de cultures très différentes pourront un jour se rencontrer. Mais en chacun de nous le goût de la vie s'entrecroise toujours avec celui de la mort et de la destruction ; et en persiste en nous une part, si ténue soit-elle, par quoi nous voulons détruire les différents. Avec Éric, comme tu le dis, il s'agit d'une autre forme de différence plus enracinée dans le physique, le biologique, le psychique. Je ne nie pas cette différence entre les différents, je veux simplement dire que ces différences peuvent vite engendrer des murs de peur chez ceux qui sont en face. Derrière ces murs de peur se retrouve toujours l'angoisse de ne pas exister, la non-intégration de la mort. Les personnes en situation de handicap révèlent par leur handicap des aspects de notre propre mort non intégrée, peur d'être rejeté, humilié, de ne pas avoir de place, peur même de disparaître ou de mourir.

Connais-tu Etty Hillesum, cette jeune Juive hollandaise assassinée à Auschwitz ? Le destin de cette jeune femme m'a profondément touché. Voici ce qu'elle écrit sur l'intégration de la mort : « J'ai réglé mes comptes avec la vie, je veux dire l'éventualité de la mort est intégrée à ma vie. Regarder la mort en face et l'accepter comme partie intégrante de la vie, c'est élargir cette vie. À l'inverse, sacrifier dès maintenant à la mort un morceau de cette vie par peur de la mort et refus de l'accepter, c'est le meilleur moyen de ne garder qu'un pauvre petit bout de vie mutilée méritant à peine le nom de vie. Cela semble un paradoxe, mais en excluant la mort de sa vie, on se prive d'une vie complète, et en l'accueillant, on élargit, on enrichit sa vie. » Si présente aux souffrances du camp de Westerbork où dix mille Juifs attendaient le convoi de la mort pour Auschwitz, Etty Hillesum est une des lumières qui m'aident sur mon chemin.

Je trouve quelque chose d'analogue, dans ce que tu dis sur la maternité, avec ce que nous vivons ici. Nous cherchons à créer une communauté, un lieu d'appartenance, mais, en même temps, nous voulons que chacun puisse croître en liberté. Liberté et appartenance semblent parfois s'opposer. Trop de liberté suscite angoisse et isolement, trop d'appartenance étouffe la liberté.

Être habité par un sentiment d'appartenance est nécessaire à nombre des personnes en situation de handicap comme à chacun de nous. Souvent, ces personnes n'avaient pas de place chez elles avant de venir à l'Arche, elles manquaient de sécurité et d'un lieu où célébrer. Elles oscillaient entre dépression (refus de vivre) et violence (cri pour vivre). Quand elles commencent à reconnaître qu'elles sont uniques, qu'elles bénéficient d'une certaine sécurité dans un lieu d'appartenance, et qu'elles sont respectées dans leur être, elles peuvent alors faire librement des projets en matière de créativité, d'autonomie, de mariage, de formation, de travail, de quête d'un autre lieu de vie. Une appartenance trop forte à un groupe risquerait de retarder leur chemin vers la vie autonome. Le nouveau-né, tu le dis avec raison, est le premier étranger qu'il faut respecter. Chacune des personnes de mon foyer est un frère ou une sœur avec qui il existe des liens affectifs réels, mais chacune est aussi un étranger qui a sa propre vie. Il s'agit d'aider la vie à éclore en chacun dans la liberté et la responsabilité.

Certes, cette appartenance qui se concrétise dans le travail, les célébrations, la joie d'être ensemble, peut entraîner des déviances en l'absence d'une véritable communauté soutenue par des professionnels de toutes sortes. (Nous n'avons toujours pas retrouvé de psychiatre, depuis la mort de Patrick Mathias, mais nous sommes en contact avec le professeur lillois dont tu nous as parlé.) Ma main dans la main d'Éric est une façon de célébrer notre commune humanité blessée ; cela est rendu possible par le fait que je vis dans une communauté garante de l'authenticité, de la thérapie et de la pédagogie.

Au foyer la Forestière, nous avons dû demander à une jeune fille volontaire de partir, car elle montrait tous les signes d'une recherche de fusion avec Marie-José, affectée d'un handicap profond. Elle était jalouse quand d'autres lui donnaient à manger ; elle désirait partir seule avec elle en fin de semaine. Nous sommes confrontés parfois à ce type de déviances, comme de se croire supérieur, exerçant une forme de pouvoir, mais aussi des déviances de fuite, des phases d'agressivité ou même d'idéalisation. Oui, il faut et de la surveillance et de la compétence.

Il n'est jamais facile d'être viscéralement attaché à des personnes – des assistants ou des personnes avec un handicap – et en même temps de les laisser partir, de célébrer et d'encourager leur départ. Même si, parfois, nous pressentons qu'ils vont « se casser la gueule », nous respectons leur choix, leur prise de responsabilité. Après « s'être cassé la gueule » ils vont peut-être se relever et entamer un chemin qui leur permettra de devenir plus humain.

J'ai moi-même franchi plusieurs étapes dans ma relation avec les personnes en situation de handicap, ces mêmes étapes que tu as décrites dans l'histoire de l'Église face aux « pauvres » : ignorance, fuite dans les études de philosophie et de théologie, générosité spontanée, joie d'aider, peur des rencontres en profondeur, crainte d'être trop attaché et de retenir leur liberté, de vivre des deuils, de devenir progressivement moins libre tout en étant passionnément désireux que justice soit offerte aux personnes trop souvent tenues à l'écart. J'ai beaucoup de mal avec cette tyrannie de la normalité partout répandue et bien décrite par toi (performance, concurrence, excellence) : cette tyrannie qui commence tout jeune par le désir de réussite, d'avoir de bonnes notes pour complaire aux parents. Malgré mon âge, je demeure guidé par cette parole de mon papa : « J'ai confiance en toi. » Il m'a rendu libre et responsable quand j'ai voulu quitter la famille pour entrer dans la marine de guerre et prendre à l'âge de treize ans un chemin si inhabituel. Il m'a permis d'être moi-même.

C'est ainsi que j'ai pu commencer à bâtir l'Arche, en 1964, face aux Goliaths, aux institutions et aux hôpitaux psychiatriques, en vivant seul avec Philippe et Raphaël, sans savoir où j'allais. Ce sont eux, et bien d'autres après eux, qui m'ont conduit encore plus loin dans ce chemin de libération. C'est sur ce chemin que j'ai redécouvert qui était Jésus. Non pas ce « petit Jésus » un peu magique et idéalisé dont tu parles, mais cet homme exigeant en amour. Il est allé jusqu'au bout. Il avait une vision : relever les pauvres et les opprimés en devenant lui-même un exclu de la société. Il voulait que chacun ait sa place, un don à donner, une contribution à apporter, pour bâtir un corps et non une pyramide. Dans cet ensemble, les plus méprisés, les plus fous, les plus faibles selon les critères de nos sociétés ont une place d'autant plus importante qu'ils sont souvent plus proches de Dieu. Dans l'Évangile (Mt XIX,13), je suis touché par ce Jésus si présent aux enfants et pourtant accompagné de disciples plus intéressés par le pouvoir et le désir de paraître.

Bien sûr, je dois encore traverser des luttes, j'ai à découvrir des éléments de mon être (manque d'intégration de la mort) cachés dans ces zones en-deçà du rationnel, du conscient. C'est en vivant ici avec ceux et celles de mon foyer et de ma communauté que je peux réellement avancer dans cette relation avec Jésus et être libéré de certaines compulsions.

Plus j'avance en grimpant à flanc de montagne ou en redescendant, plus je découvre Jésus non pas comme un homme courageux, fort, un militant jusqu'auboutiste, mais comme un homme vulnérable voire faible et angoissé. Terriblement humain et merveilleusement divin. Un homme très aimant, proche de chacun, qu'il soit romain ou grec, grand-prêtre, samaritain ou publicain… Certes, il a manifesté par ses miracles un énorme pouvoir. Mais l'important n'est pas là. Ce pouvoir ne risque-t-il pas de devenir, pour les disciples, un écran qui les empêche de percevoir l'essentiel de son message ? Le vrai désir de Jésus est de vivre en chacun, d'être l'ami de chacun. Devenir un ami de Jésus implique une certaine purification de son propre cœur, de ne pas céder aux tentations du pouvoir ou de la possession de l'autre. C'est l'humilité de Jésus qui me touche.

Tu connais Thérèse d'Avila puisque tu as écrit *Thérèse mon amour*, ce livre bouleversant, époustouflant. Oui, cette femme forte, merveilleusement vivante, était profondément humaine. Elle était grande et noble dans ses soifs de vie, son accueil de l'amour avec ses extases, ses jouissances et ses réjouissances : une femme ardente, un puits, une eau souterraine, une pluie d'amour imprégnée de la grâce de l'Être aimé. Tu as révélé que sa sainteté était enracinée dans sa chair. Elle a su marcher sur un terrain rocailleux, semé d'embûches, parfois en solitaire mais presque toujours en lien avec des prêtres comme Jérôme Gratien de la Mère de Dieu ou Jean de la Croix. Elle était si engagée avec ses sœurs qu'elle les a progressivement amenées à une grande maturité. Elle avait compris l'importance de l'appartenance à une communauté, mais aussi l'importance de devenir plus libre pour vivre personnellement des expériences amoureuses avec Dieu.

Que tu aies écrit ce *Thérèse mon amour* me touche profondément. Tu ne sais sans doute pas que l'Arche est née, a grandi, s'est approfondie en lien avec deux carmels. Sa croissance a été marquée par tant de signes fortuits, inattendus, surprenants, qui, j'ose le dire, nous ont sauvés en des moments cruciaux. Le silence et le don des sœurs ont irrigué comme une eau souterraine la terre de l'Arche.

Mon chemin de foi est ce qu'il y a de plus personnel en moi. Comme tu le sais, j'ai été blessé par l'Église, surtout quand on m'a interdit de devenir prêtre. J'éprouve encore des difficultés quand j'entends des dignitaires de l'Église me dire que je fais un « bon travail ». Je n'ai jamais voulu faire un bon travail à l'Arche, j'ai toujours voulu faire quelque chose qui ait un sens : d'abord pour moi, puis pour la société et pour l'Église.

Ma foi en Jésus et en la personne humaine est au cœur de ma vie et peut-être au cœur de mes contradictions. J'ai toujours cru que chaque personne a le droit de vivre et de trouver sa place dans l'Église et la société, quelles que soient ses capacités et ses incapacités, pour révéler une parcelle du visage de Dieu. C'est cette foi qui m'a fait quitter la marine et m'a amené à me faire pèlerin pendant plusieurs années avant d'aboutir à l'Arche en 1964 et de faire face aux Goliaths. J'avais alors besoin de mettre mes pieds dans la boue, la boue de l'engagement avec des personnes qui se sentaient seules et criaient après la relation. C'était et c'est encore la boue des violences, des cris, des engagements concrets qui m'a comme formé, moulé, construit : des engagements empreints de douceur, mais aussi hérissés de complexités et de difficultés.

La faiblesse d'Éric et de bien d'autres m'a amené non seulement à saisir mes propres fragilités, mais aussi à entrevoir celles de Jésus, le sens de ses cris : « J'ai soif ! », « Mon Dieu, mon Dieu, pourquoi m'as-tu abandonné ? », le sens de ses larmes face à la mort de Lazare, sa soif de vivre une relation d'amitié avec chacun.

J'ai parfois l'impression que l'Église aspire à se fortifier, se protéger, s'institutionnaliser. On m'a parfois accusé de ne pas aimer l'Église. Je ne pense pas que ce soit vrai. J'aime et accepte cette Église qui a souvent peur, mais j'espère aussi en une Église qui s'appauvrisse pour cheminer plus près des exclus et des pauvres de toutes sortes, les relever dans l'espérance. Enfanter l'Église, c'est découvrir qu'elle est une étrangère, avoir envie qu'elle devienne pleinement elle-même, transparente et vulnérable parce que liée aux personnes vulnérables, et qu'elle rende Jésus, son fondateur doux et humble de cœur, présent à tous les hommes.

C'est à cause de cette foi en la personne humaine que je souffre quand une jeune fille veut avorter. Je la sens perdue, démunie. J'ai eu la joie de cheminer un peu avec une maman qui portait en elle un enfant atteint de la trisomie 18. L'enfant n'allait vivre que quelques heures après sa naissance. J'ai été témoin de son immense souffrance, des pressions exercées sur elle pour qu'elle avorte, et aussi de ses désirs de mère. Elle a pu vivre la naissance, le baptême du petit, mais aussi sa mort et son enterrement. Elle a vécu sa maternité dans la souffrance, mais aussi avec dignité.

Je comprends la complexité de cette question de l'avortement. Je t'avoue que j'ai du mal à accepter ceux qui crient pour la vie, mais ne se préoccupent en rien des enfants qui vont naître, ni de leurs parents, afin qu'ils aient une vie la plus humaine possible. Dans notre société de compétition où règne la tyrannie de la normalité, j'ai peur qu'on s'évertue à ignorer la valeur de la vie humaine depuis son commencement jusqu'à son terme naturel. Au lieu d'entrer en relation avec les faibles, on cherche à les éliminer, en tout cas à les écarter. Au lieu d'œuvrer pour une société d'entraide où l'on s'engage les uns vis-à-vis des autres, où les faibles et les forts coexistent, on exige la performance et l'excellence à tout prix. Ce prix-là risque d'entraîner l'élimination des faibles.

Je voudrais que l'Arche soit un havre où chaque personne en situation de handicap puisse se réaliser le plus pleinement possible, trouver sa place, développer son potentiel, ses capacités d'autonomie, et donner vie aux autres. L'Arche pourrait alors témoigner d'un style de vie où domine le primat de la relation, de l'entraide et du vivre-ensemble.

J'aimerais te faire partager, chère Julia, un événement survenu au mois de décembre. À la Ferme – petit centre spirituel au cœur de l'Arche, ici, à Trosly –, nous avons accueilli quarante hommes et femmes des rues de Paris – des SDF et quelques accompagnateurs – pour une retraite de Noël. Ces hommes et ces femmes étaient si beaux avec leurs visages burinés par la souffrance ! Ils étaient si heureux de la chaleur rencontrée à la Ferme, si loin du froid glacé des rues de Paris ! Nous nous sommes tous lavés les pieds les uns les autres, suivant ainsi le désir de Jésus. C'est Cyril, un grand gars un peu perturbé, qui m'a lavé les pieds avec tant de tendresse, et moi j'ai lavé les pieds d'Olivier. Oui, chaque personne est précieuse, et si nous ne pouvons changer le monde, au moins pouvons-nous aider quelques hommes et femmes souffrants à goûter un peu de joie.

Voilà qui m'amène à poser cette question : comment aider au développement d'une société où chacun puisse trouver sa place ? Comment réduire les peurs de tant de personnes à l'égard de celles qui ont un handicap ? Comment aider chacun à mieux intégrer la mort pour accueillir ses propres fragilités ? À mon avis – mais ce n'est pas très original –, il s'agit de créer, à tous les niveaux de la société et surtout parmi les plus jeunes, les enfants, des lieux où tous, valides et moins valides, se rencontrent pour jouer et célébrer la vie.

On m'a récemment demandé mon avis sur la création d'un petit centre de loisirs pour enfants affectés d'un handicap, âgés de six à douze ans. Oui, ai-je dit, c'est excellent, pourvu que ces centres soient *ouverts à d'autres enfants*. Évitons les ghettos dès l'enfance et la jeunesse ! Les écoles intégrées au Canada sont tellement mieux conçues que leurs équivalents en France ! Mais il ne faut pas se leurrer : dans une société comme la nôtre, tout cela prendra du temps.

Je connais de jeunes couples qui, fatigués de la vie et du stress endurés dans les entreprises, s'engagent à l'Arche. Ils cherchent des communautés comme les nôtres où ils puissent vivre plus humainement, selon une démarche de libération vis-à-vis de la tyrannie de la normalité. Ils trouvent là une vie partagée avec des personnes en situation de handicap. Ils apprennent d'elles l'essentiel de la vie : recevoir et donner, ce qui implique un travail sur soi en vue d'accueillir l'autre, si différent et en même temps si proche de soi. C'est à partir de ce type d'expériences, entre autres, que l'on peut ouvrir des espaces qui permettent de « désinsulariser le handicap » et de goûter « une vraie éjouissance pour la vie de la pensée » ! Pour la vie tout court… Pour offrir à tous les David une vraie vie avec ses éclosions de créativité.

Que cette année soit pour toi et David une année bénie !

Je t'embrasse,

Jean.

Paris, le 17 janvier 2010

Mon Jean,

T'ai-je déjà dit qu'avant de te rencontrer, mais aussi après avoir fait ta connaissance, j'ai toujours cru que tu étais prêtre, peut-être même appartenant à un des nombreux ordres existants ? Ta vie, tes paroles, tes actes laissent entendre un lien puissant à l'Église catholique, alors que c'est en dehors d'elle que tu vis ce sacerdoce – c'est ainsi que ta démarche m'apparaît, à moi qui suis extérieure à la foi. Tout cela pour dire que, lorsque l'actualité nous confronte à la vie religieuse, je pense à toi, désormais si imbriqué à ma propre expérience du handicap, et plus encore depuis que nous menons cette correspondance. Et aujourd'hui nous sommes servis : le pape Benoît XVI se rend à la synagogue de Rome peu après l'annonce de la canonisation en cours de Pie XII !

N'aie pas peur, je ne te demanderai pas de commenter les deux événements, à moins que tu n'en éprouves le souhait ; non, je voudrais simplement te faire part d'un de ces hasards ironiques de l'existence par quoi les situations les plus troublantes se trouvent brusquement éclairées, sinon justifiées, mais, paradoxalement, par leurs adversaires les plus farouches. En l'occurrence, il s'agit de la douloureuse énigme de la neutralité de l'Église catholique sous le nazisme, et dont l'explication se trouve, paraît-il, dans les archives du Vatican. Mais, en attendant qu'elles soient ouvertes… Boucle ta ceinture !

La correspondance de Céline, le grand écrivain et non moins célèbre auteur de pamphlets antisémites, vient de paraître en Pléiade. Tu n'as peut-être pas suivi la bourrasque qu'a suscitée cet événement éditorial ? Alchimie du verbe, laboratoire de l'écriture, coups de sonde historique et biographique dans les entrailles de la création ? ou simple complaisance pour cette abjection raciste qu'on n'en finira jamais de dénoncer, de combattre, voire d'essayer de comprendre, et qui a conduit à la Shoah ? À ma façon, j'ai essayé de l'aborder, il y a plus de vingt ans déjà, dans un livre dont le titre était justement *Pouvoirs de l'horreur, essai sur l'abjection.* Le débat autour de cette correspondance fait rage dans le landerneau parisien, et bien au-delà des cercles littéraires, tant il est impossible de cicatriser, encore moins d'oublier la plaie toujours ouverte des camps d'extermination. Je partage et comprends l'émotion et les arguments, mais, au fond, je me désole des simplifications des uns et des autres, je referme les journaux, revues, j'éteins radio, télévision et autres médias, et je replonge dans ces abîmes où la débâcle humaine cohabite avec l'aspiration au sublime.

Mais quel rapport avec le pape, les papes ? Fasciné par le nazisme et en pleine rage antisémite, on connaissait Céline (dans *Les Beaux Draps*) accusant l'Église catholique d'être « métisseuse, la maquerelle criminelle en chef, l'antiraciste par excellence » : bref, une Église trop philosémite à son goût ! Ses lettres émotives, syncopées, rythmées comme un opéra du Déluge, sont plus concrètes : ici le « voyageur au bout de la nuit » fulmine contre le cardinal de Lyon, Mgr Gerlier, qui « baptise à Bloch », et « aux quatre coins cardinaux », les « petits juifs » afin de les sauver. Là, il part en guerre contre la « chrétienté » de base, comme celle du Finistère, où l'on s'amuse à rédiger « d'innombrables pétitions » pour défendre ces mêmes « petits juifs », ce qui risque d'« emmerder les Fritz » au point de les faire « lâcher leur proie ». Embrasé par sa passion, Céline l'épistolier ne se contente pas d'attribuer le philosémitisme chrétien – l'« ignominie chrétienne », dit-il – au seul « bas-clergé » et aux ouailles naïves. Au contraire d'observateurs plus sereins qui, une fois ce constat fait, concentrent leurs critiques sur la hiérarchie, sa neutralité, voire ses compromissions avec le nazisme, Céline, lui, frappe à la tête : il va jusqu'à suspecter… le pape lui-même d'une telle complicité avec les Juifs, parce que lui-même doit être juif ! Tu peux rire, mais il l'a écrit en toutes lettres : il interroge l'un de ses amis des Renseignements sur « l'ascendance juive du pape », sur « le nom de sa mère juive hollandaise […], Lehman ou quelque chose d'approchant… », et feint de s'indigner : « Où va l'Église ? »

Tu ne connais pas Céline ? Tu ne liras jamais cette correspondance ? Tu as beaucoup à faire, ça ne te fait pas rire ? Moi non plus, et je n'attire pas non plus ton attention sur cette publication pour pointer l'aspect pathologique, voire absurde du racisme et de l'antisémitisme. Au-delà du tragique mêlé au dérisoire, voilà un document à joindre – *a contrario*, je l'ai dit – au dossier d'héroïsation-sanctification de Pie XII ! Mais oui, sérieusement ! Ou du moins à soumettre au colloque que certains souhaitent organiser pour mettre au jour tous les secrets de cette obscure époque qui moisissent dans les caves du Vatican !

Je me suis renseignée : en fait, le pape qui inquiète Céline, c'est Pie XI, puisque ses lettres enquêtant sur la mère juive du souverain pontife sont datées de septembre 1937 et d'août 1938, alors que Pie XII n'a été élu, comme tu sais, qu'en 1939. Mais, d'un pape l'autre, c'est tout comme ! Pourquoi ? C'est bien Pie XI qui a déclaré en septembre 1938 : « Nous, chrétiens, sommes spirituellement des sémites », et qui avait ostensiblement quitté Rome lors de la visite de Hitler, en mai 1938. Mais Pie XII lui-même, celui qui fait problème aujourd'hui, avait participé, en tant que cardinal, à la rédaction de l'encyclique rédigée en allemand, « Mit brennender Sorge » *(Avec un souci brûlant)*, qui condamnait fermement le nazisme, et fut publiée en mars 1937 par son prédécesseur Pie XI, conspué par Céline.

C'est vrai que, par la suite, Pie XII a été trop « neutre » sur les camps de concentration et s'est abstenu de condamner l'extermination : raisons pour lesquelles on peut discuter, voire s'indigner que l'Église veuille aujourd'hui en faire un « héros », un « saint ». Peut-être la conversion au catholicisme en 1945 du grand rabbin de Rome, Israël Zolli, choisissant de surcroît de se faire baptiser « Eugenio », du propre prénom de Pie XII, et rendant par là un hommage appuyé à l'« esprit d'amour » du souverain pontife, inspiré du prophète Isaïe, plaide-t-elle mieux que mes lectures céliniennes en faveur de ce pape contesté. Néanmoins, je te soumets mes découvertes mineures, où l'horreur déchire le rire, et vice versa, car (sait-on jamais ?) tes rencontres et tes actions risquent de les rendre plus utiles que ne le feront les miennes.

En effet, ces symptômes littéraires témoignent sinon de la Vérité absolue, du moins d'une vérité quotidienne indiscutable qui n'échappait guère à un observateur aussi nerveux, à l'affût des hystéries collectives, que l'était cet écrivain hors pair : ils « prouvent » que les antisémites les plus virulents de cette époque (de Céline à *Je suis partout*) étaient plus que surpris, choqués par l'antiracisme de cette « métisseuse » (pour reprendre les termes de Céline) qu'est l'Église d'en bas, mais aussi d'en haut. Malgré et à l'encontre d'un antisémitisme catholique toujours latent, et en dépit des conversions présentées comme prix à payer pour mériter la vie sauve, nombre de *justes* ne se cantonnaient pas à la « neutralité » vaticane : l'ensemble donnait quand même l'impression qu'il existait un « sabordage systématique du racisme en France », auquel participaient même… des antisémites ! tempêtait Céline en mars 1942. Bien qu'elle n'ait pas condamné l'Holocauste, l'Église a cependant été perçue comme brisant la « solidarité antisémite ». Certes, des radicaux comme moi auraient mieux aimé que cette Église se fût montrée plus active. Ils rêvent d'une Église plus engagée, qui ferait fi de ses contraintes structurelles et de son histoire. Mais c'est ton Église, cher Jean, que je découvre peu à peu à travers ton dévouement, celle dont tu es un électron libre et, pour cela, non moins révélateur. Un des meilleurs, à mon goût, et pas seulement à cause de tes œuvres en faveur des personnes handicapées : aujourd'hui, nous nous sommes mis d'accord pour ne pas aborder uniquement le handicap, mais tout le reste. Si possible. Ce « reste » qui est tout, qui nous rend capables d'être comme nous sommes, ici et maintenant, sur tous les fronts et au fin fond de nos solitudes.

Au risque de paraître avancer une énormité, il me semble que, tout compte fait, l'antisémitisme *hard* de Céline est en définitive moins redoutable (parce que moins insidieux) que les versions *soft* de l'histoire auxquelles nous assistons, quand elles héroïsent et sanctifient la neutralité d'avant au lieu d'élever la voix contre les révisionnistes d'aujourd'hui. À moins que l'agitation autour de Pie XII n'intéresse le public globalisé que parce que ce débat le confronte au même dilemme qui embarrassait les bonnes consciences face au nazisme : peut-on préférer le compromis pacifiste à l'intransigeance du choix belliciste ?

La question taraude aujourd'hui ceux qui souffrent de la situation à Gaza, d'un côté, et ceux qui, de l'autre, s'inquiètent des éventuelles frappes atomiques visant les centrales nucléaires en Iran. Faire la guerre ou la paix ? Qui cautionnera quoi ? À quel prix ? À cette différence près que, au XXIe siècle, le défi des puissances émergentes et le risque d'embrasement nucléaire imposent nécessairement à la planète une solution pacifique des conflits. L'Europe emprunte clairement cette voie, alors que d'autres forces sont tentées par l'affrontement. À l'instar de l'Europe, Benoît XVI se montrera forcément pacifiste : c'est la raison théologique même. Qui se suffit à elle-même, mais que ne manquera pas de conforter l'exemple d'un Pie XII (« *Opus iustitiae pax* », le fruit de la justice sera la paix) canonisé à point.

Ces problèmes ne te sont pas étrangers, cher Jean. Tu évoques le « mur » qui sépare Israël de la Palestine, qui sépare « les gens bien et dignes des gens affaiblis par les difficultés », un mur qui « éloigne la paix ». Tu préfères miser sur la charité, alors qu'on ne cesse d'entendre monter les fureurs racistes de tous bords, mais aussi les bruits étouffés de la haine antisémite toujours présente.

Comment faire, si ce n'est en essayant d'élucider la *dette* qui rattache les chrétiens à la révélation biblique et en débusquant l'abjection révisionniste, y compris chez certains « différents » (pour reprendre tes mots) qui, à force de se placer au-dessus des autres « différents », deviennent « neutres » et prétendent être les meilleurs dépositaires de la Vérité absolue ?

Passons sur le dogme de l'Assomption – la Vierge Marie s'élevant corps et âme vers l'autre monde – que Pie XII a promu en 1950. Bien que je le reconnaisse volontiers : là, vous autres catholiques, vous vous rattrapez enfin, avec ce dogme énoncé en plein XXe siècle ! Après la Seconde Guerre mondiale, si exterminatrice, il n'y avait donc rien de mieux à faire que de s'adresser à la maternité de Marie qui, avec son corps même, atteint les cimes de la plus haute spiritualité ? ! D'autres peuvent plaisanter ; pas moi, non. Il fallait le faire : après tant de célébrations de ce voyage virginal, après tant d'« Assomptions » picturales, et avec un certain retard (avouez-le !) par rapport à la Dormition de la Mère de Dieu dans laquelle excellait depuis le IVe siècle le christianisme orthodoxe auquel croyait mon père… il vous fallait faire de l'Assomption un dogme !

Aviez-vous perçu qu'une inquiétude s'amoncelait dans ce *continent noir* qu'était pour Freud la féminité, et que Simone de Beauvoir ne tarderait pas à nommer *Le Deuxième Sexe* ? Qu'il *fallait* donc donner une récompense spirituelle à ces femmes nouvelles que la science était en train de libérer de grossesses indésirées, tandis que la société les chargeait de toutes les tâches que les hommes ne pouvaient plus assumer ? Je ne suis pas sûre qu'un dogme y suffise, mais cette théologie traduit certainement une quête d'échappatoire, et dessine bien une échappée. À moins qu'il ne s'agisse plutôt d'une récupération tardive au vu du changement historique de la condition féminine ? Bien que la théologie ne se préoccupe pas du temps qui passe, c'est connu, je te vois sourire ici de ma naïveté…

Raison de plus, en tout cas, pour m'intéresser à ce Pie XII compliqué – mais pas au point de me mêler de votre affaire de sanctification : je ne comprends pas pourquoi tant de gens non croyants ou professant d'autres religions se passionnent pour ces rites vaticanesques auxquels ils prétendent ne pas croire. Si ce n'est parce que « ça » fait partie non seulement de l'histoire politique universelle, mais aussi, et pour cela même, de l'imaginaire universel. Oui, *universel :* en Chine, en Inde, à Abu Dhabi, on est bien en l'an 2010 après le petit Jésus ! Et Noël, ce mythe de l'Enfant salvateur/pacificateur, attendrit toutes les mamans de la planète, sapin décoré ou pas : grâce au *global market* et à Internet, à Toys R us et même au Dow Jones qui fait fête ce jour-là…

Ce qui me ramène à l'expérience maternelle et à l'absence de discours sur elle au sein de la modernité sécularisée. Hier, j'ai ouvert un formidable colloque : « Statut de la femme dans la médecine : entre corps et psyché ». Vaste question ! Et la réponse de Freud est toujours d'actualité : « La femme tout entière est un tabou. » Bien sûr, le corps biologique ne cesse d'être « géré » de fond en comble par les nouvelles technologies médicales, plus particulièrement celles de la procréation : mais le corps psychique ? Le corps de l'amante et de la mère ? Le corps érotique-thanatique, le corps entre désir et mort ?

Tu vois juste : les propos d'Etty Hillesum qui « élargit sa vie » en « intégrant sa mort » en elle, et en opposant cette intégration à l'attitude plus répandue qui consiste à sacrifier à la mort une partie de sa vie, me rejoignent : comment une mère vivant les épreuves de son enfant ne pourrait-elle pas s'y reconnaître ? Et plus encore si l'enfant est en situation de handicap ? Ces mots me rejoignent, je les rejoins.

Hélas, ce genre de préoccupation était fort éloigné du colloque en question. Très vite, les passions se sont cristallisées autour de la « grossesse pour autrui », euphémisme bien-pensant pour ne pas parler de « mères porteuses » : les unes dénonçant la marchandisation du corps féminin ; les autres réclamant le droit de pratiquer une gestation pour autrui. J'ai pris une position médiane, tierce : interdire la marchandisation, mais reconnaître des exceptions (à l'exemple du « donneur vivant » pour le don d'organe). Mais à condition de ne pas abandonner ce champ au seul pouvoir du législateur et du gynécologue et d'ouvrir un véritable débat de civilisation : quelle maternité aujourd'hui ? D'où vient le désir d'être mère ? Que signifie ce désir ? Suis-je capable d'être mère ? Quelles expérience, passion, rencontre ? Quelles amours : amour à mort, vie avec, vie pour, transmission... ? Donner un enfant n'est pas « donner un objet » : c'est le commencement d'un nouveau sujet. La génitrice n'est pas la mère : il y a une *part d'adoption* en chaque maternité (notamment chez la mère d'un enfant handicapé). Comment se construit cette capacité d'adoption chez la femme en train de devenir mère d'un autre, du *premier autre* ?

C'est seulement dans une philosophie ainsi esquissée, jamais définitivement figée, ouvrant à diverses formes de maternités au pluriel – comme sont plurielles les libertés mêmes –, qu'il serait possible de reprendre l'éventualité d'une gestation comme « don » à « autrui » : dans quel but, pour quel épanouissement personnel et collectif puis-je engager les prouesses de la technique ? ou, au contraire, les condamner, y renoncer, les interdire ? Sans cela, interdire est non seulement réactionnaire : interdire est impossible à réaliser, aveugle dans sa crispation défensive.

Au sortir du colloque, j'ai eu l'impression que ma voix restait bien minoritaire : difficile non pas à comprendre, mais à assumer et à tenir face à une manière de penser qui se généralise, qui réduit la personne à un objet – et que partageaient les deux courants apparemment antagoniques. Car, tout en protestant contre cette réduction, les uns et les autres, les unes et les autres ne proposent soit que de refuser, soit que d'affiner la technique. Or, face au changement de civilisation qui impose de nouvelles formes de parentalité, la seule alternative à la technique n'est-elle pas d'ouvrir à nouveau la question de la subjectivité comme expérience – ce que tu appelles l'« expérience spirituelle » ? Plus précisément, et de façon inouïe/inédite, l'expérience subjective des femmes, des mères ? Entraînant avec elles les pères et les enfants ? Une chance à saisir avant qu'il ne soit trop tard...

À toi, cher Jean, à bientôt,

Julia.

Trosly-Breuil, le 3 février 2010

Bien chère Julia,

Tu nous emmènes vers d'autres mondes inattendus, vers des sujets un peu insolites, sur des terrains peut-être un peu glissants : Pie XII et cette controverse un peu bizarre autour de sa sainteté et de son attitude vis-à-vis de la Shoah, etc. Faut-il apporter un jour une réponse adéquate ? Cette question va nous ramener à nos premières lettres et à la place prophétique des personnes en situation de handicap.

Commençons par quelques souvenirs historiques. Mon papa, qui m'a transmis l'audace et la liberté (le rôle du père ?), était en 1943 représentant du Canada auprès du général de Gaulle à Alger, position qui lui permettait de rencontrer beaucoup de jeunes et de moins jeunes résistants s'étant échappés de la France occupée. Il avait alors découvert que nombre d'évêques, en France, empêchaient les prêtres d'apporter une aide spirituelle et religieuse aux résistants chrétiens. Ces évêques, obéissant au régime de Vichy, semblaient croire que *tous* les résistants étaient communistes et empêchaient les Allemands d'en finir avec la Russie. C'était la Russie et non l'Allemagne qui représentait à leurs yeux le grand danger. Certains même étaient reconnaissants à Hitler et à Mussolini d'avoir sauvé Franco durant la guerre d'Espagne. Ils savaient qu'Hitler avait signé un concordat avec l'Église catholique (s'assurant ainsi le soutien des catholiques allemands pour la guerre qu'il préparait). Dans la zone occupée par les Allemands, tout le monde devait être au courant de la persécution des Juifs, car ceux-ci étaient obligés de porter sur leur veste l'étoile jaune. Jeune étudiante juive à Paris, Hélène Berr en parle dans son journal que je suis en train de lire. Elle fut déportée à Auschwitz le 27 mars 1944.

Quand Rome fut libérée par les Alliés, en avril 1944, mon père est allé voir Pie XII et l'a mis au courant du drame des résistants catholiques en France, qui ne recevaient pas le soutien spirituel de l'Église. Pie XII en a pris note et lui a demandé quelques précisions. Par la suite, il a communiqué avec les évêques français pour les inciter à venir en aide aux résistants chrétiens. Pie XII était évidemment au courant de la gravité de la situation des Juifs, puisqu'il avait sauvé beaucoup d'enfants juifs, mais la « prudence » l'a parfois paralysé. S'il n'a pas osé prendre position publiquement, c'est qu'il connaissait la réaction violente de Hitler contre l'épiscopat hollandais, qui venait de condamner les atrocités nazies contre les Juifs, et qu'il craignait alors une riposte encore plus brutale.

Je me demande pourquoi le Vatican veut béatifier Pie XII maintenant. Dans les premiers temps de l'Église, les « saints » étaient proclamés tels par la *vox populi* ; plus tard, ils le devinrent parce que leur vie, semblable à celle de Jésus, était un modèle à suivre pour les chrétiens. Ainsi l'Église a-t-elle canonisé dernièrement le père Damien qui a vécu avec des lépreux jusqu'à mourir lui-même de la lèpre, et Jeanne Jugan qui a donné sa vie pour les personnes âgées vivant dans la misère. Mais pourquoi Pie XII ?

Je ne connais pas suffisamment les dessous de cette question pour porter un jugement.

Je t'avoue avoir souffert quand l'Église a soutenu des dictateurs comme Franco, Pinochet ou d'autres, qui se sont arrogé le pouvoir par un putsch et ont instauré ensuite des régimes fascistes. La peur du communisme a beaucoup influencé l'attitude de certains hommes d'Église. Le Goulag, les persécutions de chrétiens en Russie furent tout aussi horribles que la solution finale mise en œuvre par Hitler.

J'ai eu l'occasion d'aller en pèlerinage plusieurs fois à Auschwitz, puis récemment au Rwanda. Les génocides ont existé et existent toujours. *Never again ?* Il faut en parler, les dénoncer. Il faut crier que chaque être humain est précieux : c'est la responsabilité de chaque personne de contribuer à résoudre les conflits, à annihiler les semences de haine en soi. Encore ces quelques mots d'Etty Hillesum : « Je ne vois pas d'autre issue : il faut que chacun de nous fasse retour sur lui-même, extirpe et anéantisse en soi tout ce qu'il croit devoir anéantir chez les autres... Le moindre atome de haine que nous ajoutons à ce monde nous le rend plus inhospitalier qu'il n'est déjà[1]. »

L'autre jour, j'ai été choqué par une jeune Suissesse du Valais qui parlait de la langue allemande utilisée de l'autre côté du même canton comme d'une « langue barbare ». Comment se fait-il que tout le monde, en Belgique comme au Canada, ne parle pas à la fois les deux langues du pays ? Refuser de comprendre l'autre, ne pas pouvoir communiquer avec lui est une façon de refuser un chemin de rencontre et de concorde. Y a-t-il plus urgent, dans

1. Ouvrages traduits en français : *Une vie bouleversée, Journal 1941-1943*, Seuil, 1985 et *Lettres de Westerbork*, Seuil, 1988.

l'humanité d'aujourd'hui, que d'œuvrer pour la paix, chacun selon ses moyens, où qu'il soit ?

C'est pour cela que je suis à l'Arche, que je veux vivre avec ceux et celles qui ont été ostracisés et exclus. Le texte sur lequel repose l'Arche est annoncé par Jésus : « Quand vous donnez un repas, n'invitez pas les membres de votre famille, les riches voisins ni vos amis, mais quand vous donnez un banquet, invitez les pauvres, les estropiés, les infirmes et les aveugles. » Et il ajoute : « Béni sois-tu si tu le fais. » On appelle béatitude une porte qui s'ouvre vers l'Unité et le royaume de Dieu. Manger à la même table que les exclus, c'est refuser de s'enfermer dans son clan, sa tribu, sa classe sociale, c'est devenir leur ami et concourir par là à l'Unité.

Revenons à Israël. Je t'avoue que j'ai mal quand on m'accuse d'antisémitisme parce que je critique le gouvernement et l'État d'Israël à propos des implantations de colonies et de la situation des réfugiés palestiniens. Quand je critique le gouvernement français, je ne condamne pas tous les Français. Je suis à l'aise avec le livre d'Avraham Burg, ancien membre de la Knesset, *The Holocaust is over. We must rise from its ashes*[1] ; il y dit que les Israéliens, par leurs peurs et leurs violences, sont en train de creuser leur propre tombe. Il va jusqu'à dire que, s'ils n'avaient pas d'ennemis à l'extérieur, ils s'entretueraient entre eux ! J'apprécie aussi les livres d'Ilan Pappé, qui retracent l'histoire véritable des Palestiniens. Quand pourra-t-on parler de tout cela dans un langage de vérité ?

Laisse-moi te raconter mes liens avec Israël. Au début des années 80, M. Kendal, responsable des ins-

1. Palgrave Macmillan, 2008.

titutions pour les personnes en situation de handicap en Israël, est venu me voir en France pour me demander si l'Arche pouvait prendre en charge une institution que l'État israélien construisait alors à Cana, en Galilée, pour deux cent vingt enfants arabes affligés de handicaps. À l'époque, j'ai expliqué à M. Kendal que l'Arche croyait en la valeur de chaque personne, à ses besoins de vivre une relation vraie et personnelle avec d'autres ; et que cela ne pouvait se réaliser que dans de petites unités. Par contre, je lui ai dit que l'Arche semblait appelée par Dieu pour aller dans les Territoires occupés. Nous étions en effet en contact avec des personnes proches d'un centre, le Malja, à Béthanie, où vivaient dans de grandes difficultés beaucoup de personnes handicapées. J'ai donc demandé à M. Kendal d'obtenir une aide effective auprès des autorités d'Israël, et surtout des militaires en charge des Territoires occupés, pour faciliter la création d'une Arche destinée à accueillir quelques personnes du Malja. C'est ainsi que nous avons commencé à créer une Arche près de la mosquée de Béthanie.

Avant de nous y installer, nous avons visité en Israël même plusieurs institutions où des personnes en situation de handicap – musulmans, chrétiens, juifs – vivaient joyeusement ensemble. Un de mes amis, Philippe Kearney, a passé plusieurs mois à l'école biblique de Jérusalem ; quand il en avait le temps, il se promenait par les rues de la ville avec des amis handicapés de confessions différentes. Les Juifs regardaient cette petite bande d'amis avec étonnement et affection. Dans leur faiblesse, ces personnes devenaient symboles et sources d'unité et de paix. Elles se voyaient les unes les autres comme des frères et sœurs, non comme des ennemis potentiels.

Une des personnes qui m'ont le plus marqué dans cette petite communauté de Béthanie était Ghadir, une jeune musulmane, infirme moteur cérébral de dix ans. Elle ne pouvait ni marcher ni parler. Chaque fois que j'arrivais dans la communauté, tout son corps tremblait de joie, son visage était illuminé, elle vivait une forme de béatitude. Je sentais la présence de Dieu en elle.

Cette petite communauté a progressivement grandi en accueillant quelques personnes musulmanes et chrétiennes ; les assistants venaient d'Europe et d'Amérique du Nord, mais aussi des Territoires occupés.

Avec la première guerre du Golfe, cette communauté s'est trouvée malheureusement en difficulté, car les Palestiniens ont pris fait et cause pour Saddam Hussein et nous avons alors été obligés de partir. Depuis lors, nous avons commencé à mettre en place à Bethléem un nouveau petit atelier qui accueille des personnes musulmanes et chrétiennes des alentours immédiats. Cet atelier, on y travaille certes, mais on y célèbre aussi la vie. Oui, je le répète, les personnes en situation de handicap peuvent devenir sources de paix et d'unité.

En octobre 2008, j'ai animé une rencontre avec une cinquantaine d'hommes et de femmes responsables, issus des différentes Églises d'Irlande du Nord : des évêques catholiques et de l'Église d'Irlande, des presbytériens, des méthodistes, des membres de l'Armée du Salut, etc. Au cours d'une célébration, nous nous sommes lavé les pieds les uns les autres, comme Jésus l'avait demandé à ses disciples. Nous avons vécu là un doux moment d'unité, de paix et de reconnaissance mutuelle. En Irlande du Nord, les écoles catholiques sont bien séparées des écoles protestantes. Durant cette rencontre, j'ai demandé aux différentes autorités ecclésiales comment elles avaient pu créer des écoles séparées pour tous ces jeunes, alors que les personnes en situation de handicap vivent, elles, toutes ensemble dans la même école. « Serait-ce parce que vous ne considérez pas les personnes handicapées comme importantes pour l'Église, ou parce que vous pressentez qu'en étant ensemble, catholiques et protestantes, elles sont en train de frayer un nouveau chemin d'unité ? » On ne m'a pas répondu.

Les personnes en situation de handicap n'occupent souvent qu'une place dévalorisée au sein des différentes Églises, et pourtant saint Paul affirme que ses parties les plus faibles sont indispensables au corps qu'est l'Église.

... En parlant de Pie XII et d'Israël, nous en sommes arrivés à évoquer l'aspect prophétique des personnes affectées d'un handicap. Si elles sont respectées, écoutées, si on cherche à aider chacune à trouver sa place et à se développer, nous sommes alors sur le chemin qui permettra de créer une société plus humaine.

Je viens de passer un peu de temps avec un couple qui m'a parlé de ses deux fils, âgés de quinze et dix-sept ans : ils venaient de participer à un chantier de travail dans une des communautés de l'Arche, où ils avaient côtoyé des personnes en situation de handicap. Ces parents m'ont fait part de leur bouleversement : leurs fils étaient revenus transformés à la maison, leur vision de l'être humain avait basculé, ils avaient pris conscience que chaque personne, quelle que soit ses origines ou ses différences, est importante et a quelque chose à donner aux autres.

Jean Paul II a écrit : « Les personnes handicapées sont des témoins privilégiés de l'humanité. Elles peuvent enseigner à tous ce qu'est l'amour qui sauve, et elles peuvent devenir les hérauts d'un monde non plus dominé par la force, par la violence, et par l'agressivité, mais par l'amour, la solidarité, l'accueil d'un monde nouveau transfiguré par la lumière du Christ. »

Des frères de Taizé vivant actuellement au Bangladesh évoquent un pèlerinage de personnes handicapées, issues de différentes confessions, et écrivent ceci : « Si nous accueillons ceux qui sont faibles, ils nous conduisent progressivement hors d'un monde de compétition, loin du besoin de faire de grandes choses, pour nous orienter vers un monde de communication entre les cœurs, vers une vie simple, pleine de joie, où nous accomplissons de petites choses avec amour. »

Revenons à Pie XII et au dogme de l'Assomption. J'étais à Rome pour cette cérémonie grandiose. Je venais de quitter la marine, j'avais vingt-deux ans et j'étais plein de vie, d'énergie et de foi. J'ai été heureux de me trouver au cœur de cet événement célébré par l'Église. Je n'ai pas réalisé sur le moment les implications de ce dogme où l'on parle du corps de Marie monté au Ciel.

Tu as parlé de Thérèse d'Avila comme d'une femme ayant vécu sa sainteté dans son corps. Carl Jung a remarqué à propos de ce dogme que le féminin était enfin mis au cœur de Dieu. Il est donc question là de deux corps : celui de Jésus ressuscité, « *the disabled God* », avec ses plaies ouvertes, et le corps de la femme, la femme aimante, la femme mère, la femme intelligente et capable. L'humanité a-t-elle enfin réalisé ce secret de la femme ? Les femmes représentent la moitié de l'humanité et, si elles ne sont pas vraiment entendues, alors l'humanité demeurera gravement handicapée, dominée par le pouvoir masculin. Sans une relation vraie entre la femme et l'homme, peut-il y avoir une réelle fécondité qui conduise à la paix et à l'unité ? La femme ne serait plus alors « désirée », mais unie à l'homme dans un respect profond, fait de tendresse.

J'avais posé cette question à Patrick Mathias, notre psychiatre pendant vingt-trois ans : « Pour toi, qu'est-ce que la maturité humaine ? – La tendresse », m'avait-il répondu. Dans un document qu'il avait rédigé et que j'ai découvert après sa mort, il avait écrit ceci :

« La tendresse n'est pas que de l'amour, n'est pas une libido réprimée, n'est pas la sollicitude polie.

Elle apporte un relâchement, un sentiment de bien-être, un assouplissement des défenses. C'est un sentiment charnière.

Elle tempère les vicissitudes, les tensions, les incohérences.

La tendresse est plus sexuelle que l'amitié, et moins charnelle que l'amour.

La tendresse relie ainsi le désir et l'amour, elle est le signe de la complémentarité, elle est l'articulation du désir sexuel et de la poésie amoureuse, à la fois corps par l'émotion, tête par le sentiment, à la fois élan et repos, mouvement et stabilité, à la fois un mode de communication et une information sur l'état intérieur. »

La tendresse est au cœur de l'Arche. Elle est un toucher respectueux, elle offre la sécurité, elle révèle l'importance et la valeur sacrée de l'autre, elle devient un appel à grandir. Oui, il y a la sexualité, le désir, l'amour passionnant et passionné, la jouissance et les réjouissances, mais il y a aussi la tendresse. L'écoute de l'autre est faite de tendresse – non pas de jugement, mais juste d'accueil. Une écoute de tout son être, de tout son corps pour le recevoir tel qu'il est, non pour le posséder, mais pour le libérer et pour qu'il devienne lui-même. Dans une société sexualisée, la tendresse peut être perçue comme un chemin vers le génital. La tendresse qui rapproche des êtres humains me semble plutôt être un don de Dieu, discret, silencieux, peut-être caché aux yeux de ceux qui ne l'ont pas expérimentée, même si elle a été plus au moins inconsciemment désirée.

Nous avons été secoués, ici, à l'Arche, par le tremblement de terre qui a sévi en Haïti, en particulier parce que nous avons là-bas deux communautés. Mais elles ont été épargnées, tout le monde y est sain et sauf. L'Arche a créé au Québec une cellule de crise pour chercher par tous les moyens à leur venir en aide ; les bâtiments de ces communautés ont en effet été fragilisés et risquent de tomber sous l'effet de nouvelles secousses. Tous les membres campent en ce moment dehors, sur les terrains communautaires. Il est bon de mettre un nom sur ces visages de personnes souffrantes vivant actuellement dans des conditions dramatiques. Nous cherchons à partager ce cauchemar en communion les uns avec les autres et à leur apporter tout le soutien possible. Les Arches au Québec sont en train de leur envoyer des tentes plus solides, équipées de planchers en bois.

Je termine cette lettre dans un carmel. J'ai parlé à toutes les sœurs (une communauté de jeunes sœurs, mais aussi de plus âgées ; l'âge moyen y oscille entre quarante-cinq et cinquante ans). Bien sûr, elles te connaissent, mais n'avaient pas lu ton livre, *Thérèse mon amour*. Je leur ai demandé de prier pour que tu trouves la force de mener à bien la mission d'une femme intelligente et avisée dans notre monde si souvent plongé dans un état de grande confusion.

Je t'embrasse,

Jean.

Paris, le 25 février 2010

Cher Jean,

Ton rappel de la tendresse ne pouvait tomber mieux. Un très cher ami vient de m'envoyer par mail, en ces temps de carême catholique, la célèbre icône de Vladimir, dite *La Vierge eleousa* (en grec), *oumilenie* (en russe et en bulgare), *de la tendresse* (en français). La joue de l'Enfant colle à la sienne, tandis que les yeux opaques de la madone byzantine pénètrent ceux qui regardent cette mystérieuse proximité, aussi bouleversante que retenue : d'ailleurs, on ne regarde pas une icône, on l'embrasse pour s'immerger en elle – c'est la tendresse. Le christianisme orthodoxe de mon père avait installé cette tonalité à la maison ; maman, qui incarnait la raison biblique et scientifique, s'y était spontanément adaptée, et je me suis plu, arrivée en France et loin d'eux, à suivre la trace de cette affection évangélique et orientale sous les pinceaux des peintres italiens, de Giotto et Giovanni Bellini à Piero della Francesca et Raphaël. Avant de découvrir dans l'expérience de la maternité, et par ma pratique de psychanalyste, que cette sensibilité-là est au cœur de l'énigme qu'on appelle « amour maternel ».

Oh, je sais, ton psychiatre (à propos, as-tu trouvé quelqu'un pour le remplacer à l'Arche ? Je t'avais indiqué une piste, ce n'est pas facile, dans ce secteur sinistré...) parle de la tendresse propre à l'homme comme à la femme, et la décrit comme une désexualisation de la pulsion. Ne serait-elle pas propre même aux ovipares et aux mammifères lorsque, épuisés des plaisirs et des peines de la procréation, ils et elles s'adonnent aux soins de leurs nouveau-nés ? Ainsi les chattes, les louves, les tigresses, les hirondelles, les pingouines, etc. Femelles surtout, mâles aussi, souvent... Pourquoi les féministes et post-féministes modernes ne s'intéressent-elles pas à la tendresse au lieu de se demander si l'« instinct maternel » existe ou pas, et de s'acharner contre Freud ? Lequel, soit dit en passant, ne s'en préoccupe pas vraiment, mais ausculte la « pulsion de vie » et la « pulsion de mort ». Quant à « aimer son prochain comme soi-même », il n'a pas tort de penser que c'est uniquement accessible aux saints, tel saint François, par exemple. Sauf que l'inventeur de l'inconscient avait en l'occurrence oublié, me semble-t-il, les mères ! Les féministes aussi, à leur façon, mais passons...

Je prétends quant à moi que – davantage que les chattes et les tigresses – les mères de l'humanité, parce qu'elles sont douées de langage, parviennent à sublimer leurs pulsions érotiques ou destructrices par la tendresse, justement. Et qu'elles entourent leurs enfants (des nouveau-nés aux adultes vieillissants qui restent toujours *leurs enfants*), tout au long de leur vie, de cette tension apaisée, de cette inquiétude assouplie, souriante et respectueuse qui fait du nouveau-né le Premier Autre. Détaché de sa génitrice, séparé, différent : et ainsi seulement capable d'acquérir cette tendresse au second degré, cette tendresse suprême que sont la parole et la pensée – pour devenir autonome, indépendant, une personne à qui sa *génitrice*, devenue *mère*, a « lâché les baskets », et qui va la quitter pour vivre *sa* vie. Pas celle de sa mère ! Mais une vie qu'elle, la mère, va accompagner de loin : tendrement tendue et avec la distance du tact, un toucher délicat à l'unisson de ce différent de soi qu'elle ausculte, protège et cultive, pour lui permettre d'aller avec d'autres – son enfant, lui ou elle, cet autre, dans le monde des autres.

Je te lis, mon cher Jean, et je réalise que la tendresse est un affect qui fait tendre pulsions, désirs et passions vers la survie du Premier Autre qu'est le nouveau-né. On appelle ça une *sublimation.* S'agit-il de tendre, à force de sublimation, vers le bonheur de cet autre qu'est l'enfant ? Certainement, toi, lecteur d'Aristote, tu diras que le but de l'existence est le bonheur. Avec les modernes, j'essaie pour ma part d'affiner ce sens de l'existence vers lequel nous tendons, tendresse y comprise : et je prétends qu'il ne se construit pas aujourd'hui en termes de bonheur, mais en termes de liberté. Je te propose donc de penser que ce que tu appelles « tendresse » est le degré zéro de la liberté. Je me libère de l'emprise de mes pulsions et désirs, je libère l'autre de mes passions forcément possessives, je tends toujours vers lui, mais, dans ce mouvement, le contact se transforme en tact : je parie sur lui, sur son destin, risque et créativité, chemin de la liberté.

Tu connais bien sûr le jugement du sage roi Salomon de la Bible : deux femmes se disputant le droit d'être reconnues comme étant la vraie mère d'un enfant, Salomon fit semblant de vouloir les contenter en coupant l'objet de leur discorde en deux ; la vraie mère renonça alors à posséder une découpe de son rejeton mort et préféra tendre son bébé à Salomon (et à l'autre femme), lui rendant, de ce fait, la liberté en même temps que la vie. La vraie mère a renoncé à sa passion possessive pour que son enfant vive : un, entier, différent, pour autrui. Telle est la tendresse qui s'éloigne du bien-être byzantin « joue contre joue », et j'adhère à cette coloration biblique de la tendresse qui creuse le chemin de la dépossession et le souci d'autrui.

Pourtant, le geste de tendre son enfant aux autres, à la liberté et à la vie, n'est pas si simple ni aussi évident qu'il y paraît. D'abord, parce qu'une mère est aussi une femme : une amante, comblée ou frustrée, insouciante ou agressive, angoissée et destructrice. Avec tout cela, les mères sont moins pédophiles que les pères, mais il ne manque pas de sorcières infanticides, et la chronique judiciaire en témoigne de temps à autre par télévision interposée : les passions de l'amante catastrophée engloutissent alors la tendresse maternelle.

Ensuite et autrement plus compliquée, l'annonce du handicap glace littéralement la femme-amante, tandis que la mère de l'enfant déficient qu'elle est aussi s'éprouve si responsable et coupable qu'elle n'en peut plus de honte. Quand elle ne s'effondre pas dans la dépression, quand elle ne s'exile pas dans le déni euphorique (« ce n'est rien, c'est un signe de Dieu »), cette mère s'emmure avec son enfant dans une exclusion que j'appellerai érotisée (consciemment ou non). Elle le couve, le surprotège, et comment ne pas donner raison à sa solitude : qui d'autre pourrait avoir le désir de s'occuper de cet être défaillant et inutile ? Certainement pas l'État, avec son « trou de la Sécu » et l'endettement vertigineux des déficits publics ! Voilà ce que se disent ces mères...

Les pères ? Comme tu penses avec les théologiens, j'essaie de penser avec les écrivains. James Joyce disait que la paternité est une « fiction légale », puisqu'il n'y a que mystérieuse transmission « d'engendrant à engendré ». Et c'est dans l'*identification primaire* (Freud dit *Einfühlung*) du petit enfant avec le *père de la préhistoire individuelle* (bien avant la révolte d'Œdipe contre Laïos !) que le père aimant – qui n'a pas porté l'enfant dans ses flancs, comme le fait une mère – *adopte* à proprement parler son enfant. Dans une « attente croyante » (l'expression est aussi de Freud) réciproque, père et fils ou fille se reconnaissent réciproquement. C'est la tendresse de cette reconnaissance adoptive, de ce premier tiers entre bébé et maman, qui garantit au futur sujet son envol du giron maternel et favorise son développement psychique. Mais ce père aimant que la religion chrétienne célèbre glorieusement, ce père de la préhistoire individuelle qui possède les qualités des deux parents, tendresse y comprise, a besoin d'être à son tour reconnu par le monde qui l'entoure – aujourd'hui monde de la technique, de règlements surabondants, courses aux performances diverses – pour être capable d'exercer son rôle de repère unifiant, d'idéal et de justice. Autrement dit, de nos jours, ce père aimant est en souffrance, il s'absente des foyers quand il ne devient pas maltraitant ou incestueux, et cette faillite de la paternité n'est pas la moindre raison qui conduit certains à revenir à l'Église pour chercher à réparer ses logiques, ses paroles, parfois son efficacité même.

Autrement dit, cher Jean, la tendresse dont tu parles et que tu instaures en principe fondateur de l'Arche est, selon moi, une vertu maternelle-et-paternelle, et comporte au moins deux versants distincts et complémentaires. Cela expose les personnes qui s'y engagent à l'épreuve de leur bisexualité, et plus généralement à puiser constamment dans leur sexualité : pulsion, désir, satisfaction, frustration, angoisse, passage à l'acte, sublimation – et ce, face à des pensionnaires qui sont généralement démunis, peu capables de choisir et de se défendre. Une formation rigoureuse, une vigilance de tous les instants s'imposent donc pour que cette tendresse que tu invoques ne dégénère pas en abus, mais qu'elle puisse tendre vers la liberté de la personne en situation de handicap. La plupart « résolvent » la difficulté en évacuant purement et simplement les mots « tendresse », « amour » ou « joie ». L'Arche, au contraire, s'y risque et ouvre l'immense chantier de la formation des intervenants – éducation, information, éthique, etc. –, toujours remis à plus tard, toujours en friche.

Revenons aux mères, pour simplifier ! Elles devraient être accompagnées, de telle sorte qu'elles puissent retrouver et restaurer aussi bien leur être d'amante que leur développement professionnel optimal et valorisant. La loi sur le handicap de février 2005 prévoit des congés et des compensations diverses pour les mères accompagnant en « tierce personne » un enfant handicapé. Il convient d'envisager bien plus : par exemple, un suivi plus personnalisé pour conforter cette construction complexe qu'est la psychologie d'une femme (mère, amante, travailleuse), en sorte qu'une mère puisse dispenser à son enfant en situation de handicap cette tendresse dont il a besoin, plus que d'autres, pour être libre.

« Libre » peut surprendre, s'agissant de personnes handicapées ? J'y crois. Lorsque Ali, qui est infirme moteur cérébral, ne parle ni ne bouge, se met à sourire et à chantonner quand il assiste au concert de la chorale de son foyer réunissant des personnes handicapées de confession musulmane, juive ou chrétienne, je lis dans ses yeux qu'il est quelqu'un, libre. Lorsque Natacha, qui est autiste et présente de fréquentes crises d'épilepsie, parvient à se rendre utile dans son ESAT[1] de restauration et reprend, fière, les transports publics pour retrouver l'ami avec lequel elle vit en couple dans un foyer où la vie sexuelle est respectée et protégée – j'entends dans son sourire qu'elle est contente de sa vie, libre.

Pourtant, je pense que ni Ali, ni Natacha, ni même les centaines de communautés de l'Arche disséminées sur cette terre, ne sont des « prophètes », comme tu le dis, qui pourraient un jour « fraterniser » le monde. Ali et Natacha peuvent seulement aiguiser les consciences des autres (de tous les autres, valides ou supposés tels) pour les faire tendre vers ce plus de dignité dont ont besoin les êtres singuliers, et pour faire naître plus de tendresse dans et pour chacun de nous. Et c'est déjà énorme.

Me voici, cher Jean, arrivée à un thème, peut-être deux ou trois, sur lesquels nos différences se font entendre. Mais c'est tant mieux, et il convient de les clarifier dans l'espoir de les rendre complémentaires.

« *The Holocaust is over* », écris-tu en reprenant la formule d'Avraham Burg. Est-ce si évident ? La Shoah a quitté l'Europe, j'en suis certaine, mais elle n'en reste pas moins latente ailleurs. Pourquoi ? La Bible a apporté au monde un message exorbitant : l'alliance du peuple juif avec son Dieu crée le sujet en l'homme (la formule est du cardinal Lustiger, et j'aime à la reprendre souvent). Cette logique et cette expérience ont suscité, suscitent et susciteront des résistances, des envies, des peurs et des violences chez ceux qui ne veulent pas entendre la grandeur de

1. Établissement et service d'aide par le travail. Organisme médico-social chargé de la mise au travail accompagnée d'un soutien médical et social, des personnes handicapées dans l'impossibilité de travailler dans un autre cadre.

cet universel singulier. En revanche, ceux qui cultivent le message biblique risquent de s'enfermer dans leur vérité absolue sans extériorité, impartageable. La chance du troisième millénaire réside en ceci que le duel tragique entre juifs et chrétiens est en train de devenir un duo juif/chrétien dont les tensions à jamais irréductibles nous invitent à penser la seule question philosophique qui vaille : comment réaliser l'universel comme un concert de singularités partageables ?

Nous vivons un moment métaphysique qui me paraît crucial : pourrions-nous graver dans l'opinion globalisée cet acte unique et fondateur du monothéisme qu'est l'alliance biblique de l'homme avec le divin – acte qui implique la prise de conscience collective de la singularité des humains ? En reconnaissant un statut exceptionnel à Jérusalem comme lieu symbolique de la Bible, et en invitant la diversité des cultures à en méditer les implications éthiques, psychologiques et politiques, tout en garantissant le libre accès aux sanctuaires des autres religions qui se sont installées au fil des siècles sur cette terre. Je suis plus fondamentaliste que toi, métaphysiquement parlant ! Mais je concède que, d'un point de vue pragmatique et politique, c'est une Jérusalem internationale, partagée entre les trois monothéismes, juif, chrétien et musulman, qui paraît le plus aisément plaidable auprès des institutions internationales ou du Vatican.

La singularité des humains, disais-je. À l'heure actuelle, nous avons besoin de refonder l'humanisme (ni plus ni moins !) pour y inscrire la place de la personne handicapée, et c'est une raison supplémentaire (s'il en fallait) pour laquelle il nous faut réinventer l'universel au singulier. En remontant aux antécédents stoïciens, juifs et chrétiens de ces notions philosophico-politiques, on a tendance à opposer un « universel juif » (biblique et talmudique) qui serait *diversifiant*, parce que soucieux de l'élection singulière, à un « universel catholique » (héritage romain paulien) qui serait *généralisable*, évaluable, mesurable. Ceux qui avancent cette distinction évitent de rappeler que la spiritualité catholique, fût-elle expansive, inquisitoriale et coloniale, n'ignore ni la singularité (avec Duns Scot), ni l'immaîtrisable désir à l'infini (avec la révolution baroque), ni cette solidarité avec les plus vulnérables que tu pratiques. Je reconnais pour ma part cet héritage complexe, et mon inquiétude grandit : quelles singularités ?

Les différences idéologiques, nationales, politiques, religieuses, ethniques, raciales, etc., créent des espaces de pouvoirs ou d'exclusions ; elles prétendent s'approprier le temps, elles se posent en détentrices de l'absolu et elles finissent par répandre la mort de la pensée et de la vie. Je les combats quand elles poussent au meurtre. Je peux pardonner à des personnes qui, les ayant partagées, s'en éloignent ; mais je ne pardonne pas aux systèmes de croyances explicitement ou implicitement intégristes et mortifères.

Au nom de la « diversité », certains veulent imposer des mentalités et des rites archaïques qui bafouent des libertés individuelles et sociales conquises au terme de durs combats depuis les Lumières. Et ce n'est pas un hasard si les femmes sont souvent les premières victimes de ces régressions : Freud écrivait déjà que dans les religions, et encore aujourd'hui, plus ou moins inconsciemment, « la femme tout entière est taboue ». D'aucuns prétendent donc « respecter la diversité » en autorisant les excisions des Africaines, les tchadors et les burqas des musulmanes. Pourquoi pas les « pieds bandés » des Chinoises ?

Mieux qu'une « diversité culturelle », c'est une *interculturalité* qu'il convient de promouvoir. Elle tiendra compte des traditions culturelles, y compris des croyances religieuses. Cependant, elle respectera tout autant cette composante capitale de l'expérience humaine qu'on appelle l'histoire, et qui a non seulement conduit les humains à penser que l'universel et la liberté sont accessibles à *toute* l'humanité, mais qui a l'audace d'en faire une réalité garantissant les valeurs libératrices de la personne. Ce qui demande un subtil dosage entre la tendresse « joue à joue » avec papa-maman, et celle, libératrice, qui m'en sépare et me permet de frayer mon destin avec les autres.

Est-ce à dire que la vie commune des personnes handicapées (juives, chrétiennes, musulmanes – et j'espère aussi athées, comme l'Arche en accepte) peut être un exemple d'interculturalité qui respecte le singulier et, à partir de là, prémunit contre le racisme et l'antisémitisme (notamment chrétien, potentiellement mortifère, qui exige une vigilance de tous les instants) ?

Quitte à me répéter, je soutiens que la *différence* des personnes handicapées, contrairement à toutes les autres différences, renvoie non pas à une lutte pour le pouvoir, mais au sens que nous donnons à l'espèce humaine. Même quand une personne n'a pas accès à la signification du langage et de la pensée, elle est habitée par le sens affectif : infinitésimales et incommensurables joies et souffrances. Ce sens-là habite le socle pré-politique et pré-religieux de l'humain, là où le lien de tendresse recèle en effet le secret de la survie.

Mais ce fondement de l'humain n'élimine ni ne résorbe les différences socio-historiques qui structurent l'édifice de surface. Ce fondement y ajoute une profondeur qui permet d'affiner les diversités culturelles, politiques, sociales, pour les rendre plus aptes à fournir les conditions d'une vie handicapée vécue avec le maximum de liberté. Tel me paraît être le sens de quelques rares avancées interreligieuses et interculturelles dont j'ai eu connaissance et qui me viennent à l'esprit en lisant les tiennes : chaque personne est spécifique comme telle, compte tenu aussi bien de sa déficience singulière, de son origine ou de sa profession de foi et/ou de celles de ses parents, curateurs ou tuteurs et, en définitive, d'un *projet de développement libérateur* dans les limites de sa créativité. Ce projet libérateur transcende les diverses déterminations (biologiques, sociales, religieuses, etc...) reconnues et repensées, et c'est autour de lui que se cristallisent la vie de l'homme, de la femme.

L'Arche que tu as créée en Israël est une expérience exceptionnelle et très peu connue. Il faudrait qu'elle serve d'exemple partout dans le monde, à commencer par la France, et c'est très difficile dans le contexte politique international d'aujourd'hui. Mais nous ne nous découragerons pas, n'est-ce pas ?

Dans le même esprit, connais-tu cette association d'accompagnement d'enfants autistes parrainée par Gad Elmaleh et qui porte le nom *Ohalei Yaacov* ou « Le Silence des justes » ? Elle est née du besoin, qui s'est exprimé dans la communauté juive, d'accueillir et de proposer un programme d'activités aux enfants autistes, en journée et pendant les vacances, pour qu'ils puissent vivre et progresser ensemble en dépit de leur handicap. Et elle accueille des enfants de toutes les confessions. Les responsables de l'association, qui travaillent également avec le Centre

Santos-Dumont à Paris, ont toujours privilégié un dialogue interculturel et interconfessionnel, dans le plus grand respect des uns et des autres, pour construire une aventure humaine et fraternelle autour de jeunes en situation de handicap. Ce qui a fait dire à Pascal Elbé, le parrain de l'Appel national pour la Tsedaka 2009 (campagne de collecte de fonds auprès de la communauté juive pour les associations à caractère social) : « Je garde une image malheureusement rare mais pleine de promesses : au centre pour enfants autistes *Ohalei Yaacov* (le Silence des justes), la femme d'un rabbin, psychologue, travaille main dans la main avec une éducatrice musulmane, toutes les deux entourées d'enfants de toutes les origines… »

Un mot pour finir sur « ma » Thérèse. Merci d'en parler à tes carmélites : nos lectures croisées ne peuvent qu'enrichir la réception moderne de son œuvre. Pour moi, Thérèse d'Avila est bien plus qu'une « femme qui a vécu sa sainteté dans son corps ». Écrivain hypersensible, théologienne des états-limites, elle a accompagné son érotisme d'une auto-analyse permanente, entre comas et extases, inquiète et tout compte fait heureuse, dans une fiction tissée avec précision et humour. Puisqu'elle vivait sa vocation comme une expérience d'élite, Thérèse n'acceptait pas de moniales borgnes dans le carmel : elle se vantait même d'avoir le cœur dur, de ne pas être femme, et voulait que ses filles soient des hommes ! Pas vraiment l'esprit de l'Arche… sauf qu'elle aurait pu être handicapée, anorexique ou épileptique, si elle n'avait pas été travaillée par l'inquiétude intellectuelle d'une descendante de marranes, et si l'art de la confession que lui avait appris l'Église catholique n'avait pas fait d'elle un écrivain hors pair. S'exilant sans cesse d'elle-même, persuadée que chacun contient l'infini en soi, à la limite de toute identité, norme ou anomalie, Thérèse n'est à l'aise que dans cet infini transfert vers autrui et l'extérieur qu'elle appelle un *arrobamiento* – un arrachement. Très exactement ce que j'éprouve au contact d'une personne handicapée : une sorte de tendresse, si tu préfères.

Je t'embrasse,

Julia.

Trosly-Breuil, 8 avril 2010

Chère Julia,

J'ai beaucoup apprécié ta lettre ; elle a évoqué bien des choses en moi et m'incite à aborder un domaine où nous allons peut-être percevoir davantage nos différences. J'aime à regarder ces différences pour mieux apprécier qui tu es, tes valeurs, le sens que tu donnes à ta vie. J'ai besoin d'apprendre de toi, de tout ce que tu vis, et de découvrir en même temps tous les éléments qui nous rapprochent.

Oui, j'ai beaucoup étudié et admiré Aristote. J'ai aimé cet homme réaliste, concret, épris de tout ce qui est humain. Par son éducation et son milieu familial, fils de médecin, il avait probablement acquis le souci du bien-être des gens, le souci des corps. Fils intellectuel de Socrate et de Platon, c'était un chercheur. Il cherchait à comprendre le sens du monde et de la vie. Il était émerveillé par la réalité qu'il contemplait dans les cieux et sur terre. Dans le milieu et à l'époque où il a vécu, il a bâti une œuvre exceptionnelle. Depuis lors, le monde a beaucoup évolué, la pensée humaine, spirituelle, philosophique, scientifique, technique et religieuse, s'est beaucoup développée. Je ne saurais dire que je suis aristotélicien : d'autres réflexions, d'autres personnalités ont influencé ma vie et ma pensée. Mais je retiens plusieurs éléments qui constituent la base même de la sienne.

Le point de départ de sa pensée est l'expérience, et le « toucher » est à la base de l'expérience. Que ce soit avant l'Arche ou maintenant, ma vie a toujours été guidée par l'expérience, qui est contact avec la réalité. Cette expérience se trouvait aussi dans l'écoute des autres et de ce qu'ils ont vécu dans *leur* réalité. Elle ne réside pas seulement dans le visible, mais aussi bien dans l'invisible qui se révèle à nous à travers des signes visibles. C'est ainsi que Freud et d'autres ont découvert l'inconscient.

J'ai eu la chance d'être formé sur le plan spirituel par le père Thomas Philippe et, sur le plan humain, par des psychiatres exceptionnels. Ceux-ci m'ont beaucoup aidé à comprendre le cri et les besoins profonds d'hommes et de femmes exclus de la société et dont j'étais responsable, à l'Arche, pour les aider à cheminer vers une plus grande liberté : la liberté d'être eux-mêmes et de ne pas être conduits par la peur, le dégoût d'eux-mêmes, ou par ce que les autres pensaient d'eux. Comme je suis d'accord avec toi quand tu dis que des personnes en situation de handicap comme Ali et Natacha témoignent souvent d'une grande liberté intérieure ! Je connais tant et tant d'autres personnes, à l'Arche et à Foi et Lumière[1], qui vivent de cette liberté d'être elles-mêmes !

Aristote m'a incité à demeurer proche du réel visible et invisible, et à ne pas être conduit par des idéologies qui pourraient mener à la mort de la liberté, de la vie et de la pensée. À l'Arche, j'ai appris à écouter avec l'aide des autres, non seule-

1. Voir le dernier chapitre sur les communautés de Foi et Lumière.

ment avec mes oreilles, mais aussi avec mon cœur et avec tout mon corps, désencombrés de mes préjugés et de mes prétendues certitudes.

Le bonheur chez Aristote n'est pas un sentiment de bien-être ou d'équilibre humain. Il réside dans la *jouissance* d'un acte suprême de l'intelligence en quête de sagesse et d'une expérience intellectuelle ou contemplative. Dans son *Éthique*, il dit que « le vertueux préfère un moment court d'intense plaisir à un long et faible plaisir [...], une action parfaite et grande à beaucoup de petites. C'est ce que paraissent atteindre ceux qui sacrifient leur vie ». Il unit à sa manière les deux tendances de la morale grecque : la norme, la mesure et la loi, d'une part, et l'enthousiasme, la générosité et l'extase, d'autre part. Pour lui, la mesure et l'équilibre sont au service de la générosité et de la gratuité. Certes, pour Aristote, l'ordre, le bien-être du corps, les amitiés et une certaine aisance sont importants, mais ils sont surtout au service de la contemplation intellectuelle et de la quête magnanime de la justice. Comme nous tous, Aristote a touché les limites du corps quand il apparaît comme un mur nous empêchant de goûter l'universel et l'infini. Nous sommes comme emprisonnés dans le fini, mais le désir d'aller au-delà de ce mur témoigne que les semences de l'infini et de l'universel sont bien en nous.

Le peuple juif est allé plus loin qu'Aristote dans cette recherche de l'au-delà. Certains de ses prophètes ont vécu de véritables expériences de Dieu : sur le Sinaï, dans le Buisson ardent, ailleurs... Le peuple juif a accepté d'être conduit par Dieu au travers d'actions visibles et exceptionnelles de Sa puissance. Ce qui a amené Isaïe à crier à un moment donné : « Ah ! Si Tu déchirais les cieux et descendais ! » (LXIII, 19). Au-delà du corps et de la matière, il existe un Dieu « innommable », mais avec qui il est possible de communiquer. Le cri d'Isaïe était : «Venez, venez, nous n'en pouvons plus ! Manifeste Ta force et Ton existence ! »

Revenons-en maintenant à cette icône de la Vierge de tendresse. J'aime beaucoup ce geste de la tendresse de la mère de Jésus, joue contre joue, chair contre chair : il y a là une paix et une sérénité, une vraie quiétude. Thérèse, dans son autobiographie et dans *Le Chemin de perfection*, parle de cette quiétude qui est une présence silencieuse, douce et humble devant Dieu. La chair n'est plus un mur ni un voile à travers lesquels Aristote essaie de rejoindre ce qui est au-delà. Dans cette icône, le voile est déchiré, les cieux ont été ouverts. Se manifeste alors une douce présence de personne à personne, avec la Personne de l'Au-delà. La chair ne s'oppose plus à la liberté, elle produit la liberté, car elle est pénétrée par l'Esprit, car le Verbe s'est fait chair.

Saint Paul parle, d'une part, de la chair en opposition à l'Esprit (c'est la tension, la guerre et non le repos : la personne a perdu son unité) et, d'autre part, de la chair transformée par l'Esprit, pénétrée de l'Esprit. La chair communique alors l'Esprit, transmet l'Esprit. Les fruits de l'Esprit se manifestent dans la chair : c'est l'amour, la joie, la patience, la serviabilité, la bonté, la confiance dans les autres, la douceur, la maîtrise de soi. Il aurait pu ajouter : la tendresse, qui est peut-être contenue dans la douceur. Il affirme aussi que Jésus nous exhorte à la liberté. Cette liberté qui est à l'opposé de l'esclavage – l'esclavage des idéologies nationales, politiques, religieuses, ethniques, raciales, qui répandent finalement la mort de la pensée et de la vie.

Dans l'au-delà, dépassant les limites du corps, nous attend un Dieu amoureux qui a hâte de nous rejoindre pour nous communiquer une vie de jouissance, de quiétude, d'extase et de tout ce que tu as consigné dans la vie de Thérèse. C'est le Dieu qui s'est fait chair. Nous voyons dans l'icône la chair non pas *contre* la chair, mais la chair *avec* la chair.

La tendresse, dis-tu, est « le degré zéro de la liberté ». Mais Aristote ne pouvait pas connaître cette tendresse à travers la chair, tout comme il ne pouvait admettre une amitié avec des personnes faibles. Sa morale était faite pour les forts, les magnanimes, ces magnanimes qui ne pouvaient supporter l'idiotie !

Si, la tendresse est fruit de la liberté. Par elle, on est libéré de l'emprise des pulsions et des désirs. Elle nous rend libre pour suivre un chemin de liberté. De cette quiétude, de ce repos vont jaillir la créativité, des désirs multiples, une soif, une lumière, un amour nouveau. Cette tendresse est un commencement, car la chair doit par la suite se séparer de la chair. La mère donne la vie, mais elle doit lâcher prise. L'enfant est, comme tu le dis, le premier des étrangers. Et Marie, mère de Jésus, trouve son achèvement dans la *pietà* telle qu'on la voit chez Fra Angelico ou Giotto : son visage collé au visage de Jésus, la chair *avec* la chair. Ce n'est plus la tendresse de l'icône de la Vierge de tendresse. Marie a lâché Jésus, elle l'a renvoyé, si je puis dire, elle lui a donné sa liberté. Jésus a pu alors accomplir pleinement son œuvre dans la vérité, car la vérité aussi rend libre. Puis, à l'instant de sa mort, il demande à Marie de retrouver son rôle de mère en devenant la mère de Jean : non pour le posséder, mais pour l'inciter à vivre de l'Esprit, à aller de l'avant, sans peur, en se donnant jusqu'au bout, à devenir comme Jésus.

Ma foi en Dieu n'est pas une foi en un Dieu de puissance, mais une foi en un Dieu puissant qui devient impuissant, qui se fait pauvre pour nous rejoindre dans notre pauvreté humaine. Ce Dieu-là n'est pas à nos côtés comme un supérieur, mais comme un ami qui nous révèle notre valeur, notre unicité, un ami qui cherche à nous relever, à nous faire tenir debout, accueillant à la fois nos semences de vie et aussi nos semences de mort, nos soifs de communion et nos peurs nées de l'angoisse.

Ma pensée et ma vie se sont développées au travers d'expériences de vie et de gratuité allant bien au-delà des normes, dans lesquelles j'ai rencontré le Verbe se faisant chair, en moi-même et en d'autres qui, par là, ont trouvé à leur tour la vie et la liberté. Je ne puis renier ces expériences-là et j'ai aussi besoin d'écouter celle des autres, tout comme j'ai besoin d'écouter la tienne propre. Je ne suis qu'un petit maillon dans la chaîne de l'humanité, dans l'évolution du monde et de la vie. Dans quelques années, je ne serai plus là. J'ai cherché à accomplir ce que je devais accomplir en donnant ce que j'ai reçu, et en laissant à d'autres le goût de continuer à chercher le sens de la vie, à œuvrer pour que tous, hommes et femmes, deviennent plus libres et connaissent un vrai bonheur.

Oui, je cherche le bonheur, mais c'est un bonheur différent de celui d'Aristote tout en lui étant semblable par certains aspects. C'est le bonheur des Béatitudes : *makarios* (que certains traduisent par « heureux », mais je préfère « bienheureux »). Pour les Grecs, cette béatitude était celle des êtres qui n'étaient plus soumis aux vicissitudes du temps et du corps (naissance, croissance, décroissance, pertes, souffrances, mort). Avec Jésus, les Béatitudes écrites par Matthieu et Luc impliquent une joie particulière, non dans le dépassement des vicissitudes (comme dans le cas d'Aristote), mais une joie vécue *à travers* ces vicissitudes. C'est une paix, une présence expérimentée *dans* les vicissitudes ; on ne verse ni dans la révolte, ni dans la dépression ; on accueille librement le réel souffrant et on y trouve une présence de paix en Dieu. J'ai personnellement voulu que ma vie soit vécue à la lumière de ces Béatitudes, en particulier celle du repas avec les pauvres, les estropiés, les infirmes et les aveugles (Luc, XIV), c'est-à-dire avec les *différents*, ceux qui sont le plus souvent méprisés. Dans la Bible, partager un repas à la même table, c'est devenir amis. Jésus exhorte ses disciples à vivre une alliance et une amitié avec des personnes rejetées, ce qui était impossible pour Aristote. L'amitié, c'est croire en la valeur de l'autre et l'aider à puiser confiance en lui-même pour se relever. Le repas est alors lieu de tendresse.

Ma vie s'est aussi déroulée sous le signe de la liberté : libre à treize ans d'entrer dans la marine de guerre, libre de la quitter à vingt et un ans, libre par la suite de vivre avec Raphaël Simi et Philippe Seux en créant l'Arche, puis libre d'installer une Arche en Inde, etc. Dans ces quatre situations et dans bien d'autres, je n'ai pas vécu selon les normes habituelles. J'ai fait ce qu'Etty Hillesum appelle « écouter la voix intérieure ». Ma conscience personnelle, formée par la Parole de Dieu et l'expérience, est devenue plus libre, car c'est de ces deux sources que jaillit la vérité. Je ne dis pas que j'écoute toujours cette voix intérieure, mais j'aspire à le faire, même si je sens encore bien des luttes et des tensions en moi.

Jésus dit que la vérité nous rendra libres : libres de l'esclavage de la quête des honneurs et du pouvoir au sein des groupes auxquels nous appartenons ; libres de l'assouvissement de toutes les compulsions et addictions qui naissent de nos peurs d'être ce que nous sommes, mortels et vulnérables. Oui, je voudrais devenir plus libre en accueillant mieux mes faiblesses et ma mortalité.

À l'Arche, il existe une tension entre appartenance et liberté. J'en ai déjà parlé dans ma quatrième lettre : trop de liberté engendre de l'angoisse ; trop d'appartenance étouffe la liberté personnelle. L'appartenance implique une certaine tendresse avec d'autres. Nous nous appartenons mutuellement. Une confiance réciproque s'établit entre nous. C'est le degré zéro de la liberté. Avec l'appartenance à Jésus, que l'on peut appeler *alliance*, une nouvelle liberté commence à jaillir. Il ne s'agit plus seulement de demeurer dans cette tendresse, mais aussi de répandre le désir de tendresse et de lutter dans un monde où des personnes – souvent les plus blessées – sont écartées et ne sont pas considérées comme singulières et uniques, des citoyens.

Nous touchons là à une certaine vision du monde et de son histoire. Le monde a évolué à partir de groupes, de cultures, de langues et de religions différents. Auparavant, la force du groupe étouffait souvent la liberté personnelle, mais elle apportait la sécurité, permettait d'affronter les dangers, les difficultés de la vie, et de faire face aux ennemis. Pour Aristote, la société était divisée entre citoyens libres, femmes, esclaves, etc. ; chacun avait sa place en fonction et en vue du bon ordre. Les citoyens libres furent des hommes contemplatifs, épris de justice ; les autres étaient à leur service. C'est peu à peu que la personne s'est révélée dans sa singularité, chacune devenant capable de s'ouvrir à l'infini et à l'universel. Cette possibilité avait déjà été annoncée par des prophètes juifs tels que Jérémie et Joël : chaque être humain, y compris les esclaves, devait recevoir l'Esprit.

L'histoire s'est développée, les cultures et les religions se sont répandues, les groupes ont été affaiblis par les guerres et le commerce ; l'évolution s'est faite à partir de rencontres entre des personnes de cultures et de religions différentes. Peu à peu, l'importance de la personne s'est affirmée et on a saisi que le groupe devait être au service de la personne. Subsiste aujourd'hui une tension : il y a ceux qui affirment la valeur unique du groupe et d'une religion exclusive ; il y a ceux qui disent que cultures et religions sont sources de guerre (il faut alors les écarter pour permettre la naissance d'un nouvel humanisme) ; enfin, il y a ceux qui soulignent (et nous avec eux) l'importance de ces cultures et leur nécessité pour l'essor de la liberté et de la maturité humaines. Le nouvel humanisme doit naître à partir de cultures et de religions différentes. Il se réalisera par l'accueil du différent comme personne singulière et unique capable de s'ouvrir à l'infini et à l'universel.

Comment faire pour que cultures et religions ne soient pas des prisons ou des forteresses, mais des oasis, des fontaines amenant chaque personne à s'épanouir dans la créativité et la liberté ? Je dis bien *toute* personne, quelles que soient ses fragilités et ses difficultés. N'est-ce pas là notre question primordiale à tous deux ?

Le cardinal anglais Hume aimait à dire que l'Église n'était pas une forteresse, mais un pèlerin appelé à annoncer partout la bonne nouvelle aux pauvres. Cette bonne nouvelle, rappelons-le, c'est que chacun a une valeur et est appelé à se lever.

Freud, tu le dis, affirmait que seuls des saints comme François d'Assise étaient capables d'aimer les autres comme eux-mêmes. Je le crois aussi. Les saints, cependant, ne sont pas ceux qui sont proclamés tels, mais ceux qui sont mus, gouvernés, orientés, conduits par l'Esprit, par un souffle nouveau, intime, qui les ouvre à l'universel, et à l'universel caché dans le singulier. Ces saints sont ceux dont le cœur de pierre a été transformé en cœur de chair ; ils ont reçu l'Esprit (Ez., XXXVI) qui affaiblit les peurs qui nous referment sur nous-mêmes.

Dans l'histoire, je suis touché par Jésus et par des gens comme le Mahatma Gandhi, Abdul Ghaffar Khan, Martin Luther King, Etty Hillesum, Jean-Paul II, Mère Térésa, Óscar Romero, Roger Schutz, et bien d'autres plus cachés, dont certains en situation de handicap. Ils ont apporté un souffle nouveau, une vision nouvelle à l'humanité. Dans l'Église catholique, l'histoire des papes cohabite avec celle des saints. Les papes annoncent un ordre et énoncent une mesure à travers la foi ; les saints transmettent un souffle nouveau et une nouvelle vision de l'amour. Nous avons certes besoin de l'ordre, mais surtout d'un souffle nouveau et de ponts entre les deux. Jésus a dit à François : « Répare mon Église. » Le pape a accueilli François, et François a eu besoin du pape.

Chère Julia, à travers notre diversité, nous arrivons peu à peu à cette interculturalité qui naît de la singularité de chaque personne ouverte aux autres : c'est un nouvel humanisme qui se fonde « sur le socle pré-politique et pré-religieux de l'humain, là où le lien de tendresse recèle en effet le secret de la vie ». Je trouve que tu as une façon magnifique de formuler ta pensée. Connais-tu le livre de Christian Salenson sur la théologie de Christian de Chergé[1] – moine trappiste assassiné avec ses frères par des terroristes en Algérie ? Il ouvre une voie nouvelle pour les rapports entre le christianisme et l'islam. Durant la guerre d'Algérie, sa vie a été sauvée par un musulman, Mohammed ; c'est à cause de cette vie donnée que Christian de Chergé a voulu vivre, dans le monastère de Tibhirine, une vie de moine priant près des musulmans priants. Dans ce nouvel humanisme, l'envie de pouvoir et le sentiment de supériorité vis-à-vis des autres sont transformés en humble respect à leur égard, car chaque personne, dans sa singularité et son unicité, a un don à offrir aux autres. Les plus faibles – souvent plus libres d'être eux-mêmes – y tiennent une place importante en raison de leur capacité à transformer les cœurs dès lors qu'on veut bien entrer en relation avec eux.

Continuons à cheminer ensemble !

Je t'embrasse,

Jean.

1. Religieux français trappiste, il fit partie des sept moines de Tibhirine vivant en Algérie, pris en otage et assassinés en 1996.

Le Martray, Ars en Ré,
22 avril 2010

Cher Jean,

Mon île est aujourd'hui couverte de cicatrices. L'inondation est passée par ici, tuant deux personnes et emportant plein de beauté. La digue verte qui bordait le bras de mer face au jardin a sauté ; une barre de ciment gris, fraîchement bâtie, la remplace. Tous les barils des marais salants se sont échoués sur mes lauriers-roses, le sel a grillé fleurs, arbres et herbes, le torrent a emporté le muret qui nous sépare du Fier et de la réserve d'oiseaux. Trou béant et ruines devant ma fenêtre. « Une sculpture moderne », préfère dire David. Mais les maisons sont intactes (l'arrière-arrière-grand-oncle de Philippe Sollers, un navigateur qui a choisi cet endroit pour son pavillon de chasse, avait l'œil marin : les pieds dans l'eau, mais pas la tête : aucune submersion). Et pendant que le nuage de cendres islandais bloque nos avions, les hirondelles ont déjà fait leurs nids dans l'antichambre de mon bureau. La vie suit son cours, ici, comme si de rien n'était.

« La vie des oiseaux, peut-être ; les humains, eux, sauvent leur peau par le déni ! » tranche une collègue psy que je croise à Ars au café du Port.

En effet, tous les sinistrés minimisent les dégâts. Ostréiculteurs ravagés, pieds de vigne arrachés, champs de blé et de pommes de terre retournés ? Mais où avez-vous vu tout ça ? s'étonne l'esprit charentais. Tout va bien, pas de souci ! Bien sûr, des débordements par-ci, par-là, chez nous on connaît la nature : c'est naturel, non ? Le maire a quitté son lit à la nage pour porter secours à ses administrés en pleine nuit ? La belle affaire ! À trente mètres de son tapis, tout était sec. Vous voyez bien que tout est sec !

Tout le monde se comprend : nul ne veut être classé en « zone noire ». Le déni est une défense contre le « mauvais œil » qui, chacun le sait, se déplace et prend des airs inattendus. En l'occurrence, le mauvais œil, c'est aujourd'hui l'œil de l'État. Celui qui stigmatise parce qu'il préfère délocaliser plutôt que sécuriser le territoire contre les hasards et les nécessités du climat. C'est moins cher, disent les experts. Comme je les comprends, mes voisins, qui se protègent des mauvaises normes de l'État !

Cette histoire de « déni » me ramène à notre sujet, le handicap, cher Jean : je n'ai pas perdu le fil ! Les personnes en situation de handicap face auxquelles, dans la majorité des cas, la société ne réagit pas autrement que par le rejet, l'expulsion, la délocalisation, l'exclusion : une « zone noire », en somme, que les *politically correct* appellent maintenant « zone de solidarité », ce qui, pour les intéressés, revient au même. « Il n'y a rien à faire avec eux, ils n'ont pas leur place parmi nous. Pas la peine d'aménager nos lieux de vie, écoles, entreprises, loisirs, pentecôtes dites fériées et autres commodités pour faire semblant que c'est arrangeable. Qu'ils aillent ailleurs, *ils* nous coûtent déjà assez cher comme ça ! »

J'exagère ? À peine. Pour réveiller les esprits ou ce qu'il en reste. Mais nous savons tous les deux que c'est là le raisonnement courant. Il se formule moins ostensiblement, maintenant, après diverses mobilisations républicaines et caritatives : mais c'est la réalité, hélas !

Que faire face à cela, contre cela ?

Beaucoup de personnes en situation de handicap, ainsi que leurs proches et parents, se défendent en déniant : « Handicap ? Quel handicap ? Nous ne voulons pas de ce mot. (Tu remarques que, dans les combats, on préfère le nous au je.) Nous sommes tous pareils, ça a été déjà dit : "On est tous des Juifs allemands !" »

Ah, la détresse de ce déni qui s'efforce de panser la souffrance de la différence, de l'épreuve, du risque ! Mais pourquoi ? Ne serait-ce pas parce que la personne en situation de handicap fait de son mieux pour être « comme les autres », se dépasser dans l'espoir d'atteindre la Norme ? Bien sûr, il y a de cela. Plus encore, cependant, le déni s'installe parce que la personne en situation de handicap – c'est le trait commun qui la rapproche du citoyen en zone inondable – a perdu l'espoir (ou ne l'a jamais eu ?) d'être reconnue, accompagnée, aimée telle qu'elle est : avec ses qualités, ses lésions, ses manques et ses risques. Cette personne a honte de la « zone noire » dans laquelle la rejette le regard des comptables et autres calculateurs « normaux ». Une honte noire, précisément, impensable. Elle se replie si profondément dans le secret du non-dit intime qu'à la surface du comportement seul apparaît l'inlassable, l'épuisant combat pour être accepté : en assumant à fond toutes les épreuves. Jusqu'à ce que la corde casse, jusqu'à ce que la honte noire fasse exploser le déni en larmes.

Un de mes analysants, Mathieu, est atteint de handicaps sensoriel et moteur qu'il compense avec un brio intellectuel et moral fabuleux. Compétent dans son métier, syndicaliste militant, Mathieu ne se plaint jamais et mène sa vie comme on mène une guerre. Évidemment, il ne rêve jamais. Au bout de trois ans d'analyse, il commence sa séance en larmes, en racontant un rêve. Un rêve sonore, des plus profonds qui soient, sans images (Mathieu est malvoyant, mais a une ouïe très fine). Un vacarme violent d'abord, comme un bombardement, puis on entend des voix stridentes, plutôt féminines, qui se précisent : c'est l'air de la Reine de la Nuit dans *La Flûte enchantée.* Mathieu adore Mozart, bien que cette Reine de la Nuit l'ait « toujours agacé », me dit-il, sans plus, tout juste pour me faire sourire de pareils « enfantillages ». Cette nuit, c'est différent : le grondement de tonnerre et les vocalises en vrilles de la soprano colorature lui percent le cœur plus que le tympan, et Mathieu se « liquéfie » littéralement. Puissance des ténèbres, la Reine de la Nuit le somme de tuer Sarastro (« comme si j'étais sa fille Pamina, et pas un homme ! »), de se renier lui-même, de se briser. Impuissant devant la vague sonore, Mathieu se rapetisse, se paralyse, incapable de bouger, de parler. Toutes les forces de la nature et de la culture liguées contre lui le jugent et le rejettent. Un véritable tsunami vocal s'abat sur son corps, il n'a pas peur, mais « seulement honte, honte, honte ». C'est ce mot qu'il s'entend crier dans son sommeil et qui le réveille.

La mère de Mathieu l'avait beaucoup aidé à surmonter ses handicaps : « N'écoute pas ce que disent tes camarades ; qu'ils se moquent ou qu'ils te dénigrent, tu ne fais pas attention, je suis là, nous sommes là, pas de souci ! » Consciemment, Mathieu est fier de sa mère, de son père qui suit le mouvement, de toute la famille qui s'était retranchée du monde pour survivre au monde. Pas pour vivre dans le monde. La honte d'être différent avait fini par s'écraser – mais toujours vivante dans l'inconscient – sous le poids du « comme il faut ». De l'intégration d'ailleurs réussie à la perfection – ou à la quasi-perfection. Mathieu est venu me consulter parce qu'il n'en pouvait plus, mais ne savait pas non plus parler de la honte. Laquelle a fini par faire irruption dans ce rêve de la Reine de la Nuit qu'il a pu partager, enfin, avec son analyste femme. Pour me tester : suis-je du côté de la Reine de la Nuit, ou pas ?

« J'avais gâché ma vie en cuvant cette honte. Parce que tout le monde est soit comme ma mère, soit comme les moqueurs de la récré. Je suis seul avec ma honte. » Il s'était permis de ne pas la dénier, en analyse.

Je modifie cette histoire, mon cher Jean, tu t'en doutes, pour protéger l'anonymat de l'analysant et pour la verser au débat sur la psychanalyse qui agite en ce moment les médias. (Tu vois où me mène la honte à la manière des Charentais avec leurs « zones noires » !) As-tu suivi cette tentative de « démolition » ? Pas vraiment ? En bref, voici le problème : Freud serait-il un rêveur érotomane, voire antisémite (eh oui, on l'insinue !), ou bien l'inventeur d'une guérison universelle ? Je me suis un peu impliquée, moi aussi, dans ce débat fait par et pour ce que Nietzsche appelait « les voyous de la place publique ». J'ai essayé de dire gravement, tu t'en doutes : ni l'un, ni l'autre.

La psychanalyse ouvre une nouvelle écoute de la vie psychique, comprise enfin comme une refonte de la *psyché* des Grecs, du *nèphèsh* des juifs et de l'*anima* des chrétiens, avec les avancées de la biologie et de la médecine, et qui devient une *coprésence* entre le développement de la pensée et la sexualité, de l'élan vital assurant la survie de l'espèce et des liens symboliques transgénérationnels. Aujourd'hui, elle permet d'aborder toujours plus spécifiquement le désarroi psychique, cet *alter ego* de la mondialisation, et jusqu'aux limites de l'humain et de la vie. Dans cette perspective, beaucoup de psychanalystes accompagnent des personnes en situation de handicap, souvent en proie à des empêchements bien plus lourds que ceux de Mathieu : la clinique moderne innove en abordant la dépendance, la honte, la culpabilité, la cohabitation avec la mortalité par-delà la souffrance narcissique, ainsi que les codes spécifiques de communication que pratiquent certaines personnes en situation de handicap et qui offrent des espaces de créativité inespérée.

Toujours dans le débat en cours, d'autres espèrent moderniser la psychanalyse en la faisant voter pour les mères porteuses, les mariages homosexuels ou les familles homoparentales. Dans ces cas, on oublie que la psychanalyse n'est ni sexologie, ni sociologie, ni médecine, mais qu'elle s'adresse à la singularité complexe de la vie psychique. C'est peu, c'est limité, mais c'est unique, et c'est cela qu'il importe de consolider aujourd'hui. Ne pas la diluer dans les « questions d'actualité » ou « à la mode », mais *changer le regard sur ces questions mêmes*. Y compris sur les difficultés à prendre en charge le handicap plus ou moins lourd, *in utero* ou après.

Comment la psychanalyse pourrait-elle y contribuer ?

À un moment de son existence, « quelqu'un », « il » ou « elle », éprouve le besoin et le désir de savoir où il en est. La psychanalyse est faite pour accueillir, accompagner, éveiller cette curiosité psychique : « Tu peux savoir » (« *scilicet* », latinise Lacan). Chemin faisant, l'analysant acquiert un mieux-être : nouveaux liens, nouveaux projets, la « guérison » comprise comme un re-commencement, cette version moderne de la liberté. Et le bilan intime qu'il en fait peut être porté à la connaissance du législateur : *il n'y a que des situations exceptionnelles, et chaque personne est un cas particulier.*

Si la biotechnologie et le consensus social peuvent soulager la souffrance et favoriser la créativité personnelle, qu'ils le fassent donc *au cas par cas. Interdire* ce que l'évolution des sciences et des mœurs autorise, c'est encourager les transgressions ailleurs ou clandestinement. Commençons plutôt par analyser votre désir : pourquoi voulez-vous être parent ? qu'est-ce qu'être mère pour vous ? que signifie pour vous supprimer une vie ? Votre réponse n'aura pas seulement la portée personnelle de vous faire prendre votre décision. Elle s'ajoutera au débat républicain qu'il importe d'ouvrir sur le changement de civilisation en cours : qu'est-ce qu'un parent, qu'est-ce qu'une mère, qu'est-ce qu'une vie ? Pour marquer une attitude réellement à contre-courant des tendances à considérer les humains comme des conséquences, c'est-à-dire des objets de la prouesse technique et de la surenchère des désirs.

Ici se situe aussi l'originalité de la psychanalyse face au continent religieux. En contrepoint à la « corrélation entre la raison et la foi » préconisée à la fois par le philosophe Habermas et le cardinal Ratzinger (avant qu'il ne devienne pape), la découverte de l'inconscient opère une refonte entre foi et raison. Nietzsche et Heidegger entrevoyaient la possibilité de cette refonte dans certaines expériences limites de la pensée qu'expriment la littérature et les arts. C'est Freud qui l'introduit dans l'intimité de chacun. « Notre dieu Logos », écrit le docteur viennois, et il l'allonge sur le divan.

Quel Logos ? Le « Logos » que j'entends sur le divan est *aussi* celui du « sentiment océanique » qui me berce et me noie dans le continent maternel. Mais aussi celui du *besoin de croire* que j'investis dans le « père de la préhistoire individuelle », le père aimant – avant de frayer les chemins du *désir de savoir* qui me guideront, dans la confrontation avec le « père œdipien », vers ma liberté singulière. Les religions recueillent ce « sentiment océanique », ce « besoin de croire » ? Inutile de les dénier, ignorer, guillotiner : c'est enfantin ou criminel. Mais vous pouvez interroger vos fantasmes jusqu'à cette racine de l'imaginaire qu'est le besoin de croire, ou encore la régression dans le bain des affects. C'est délicieux et douloureux, c'est violent : Œdipe est un révolté, Oreste aussi, nous sommes tous parricides et matricides. Le savoir, c'est payer le prix de la liberté. Il n'est d'autre façon de transvaluer l'absolu que de recomposer à l'infini le sens insensé du roman familial.

Les démocraties sécularisées sont désarmées face à ces besoins psychiques extrêmes que les religions prétendent gérer. De surcroît, entre les incertitudes des droits de l'homme et la diversité des codes culturels cumulés par la globalisation, nous manquons de « lien unifiant » pour fonder une éthique et bâtir sur elle un droit rationnel. Mais la « conscience normative » (juridique) est à elle seule inacceptable, et une « autorité supérieure » (transcendantale) provoque le rejet des citoyens du troisième millénaire.

C'est en ce lien précis que s'inscrit l'originalité de la découverte freudienne. En conjuguant le besoin de croire au désir de savoir, l'élucidation analytique de la vie psychique ne prépare pas une humanité pressée de « combler ses désirs » et qui « ne croit à rien ». Ni nihiliste ni crédule, et bien plus qu'une thérapie à la mode ou démodée, la psychanalyse participe d'une histoire monumentale en remontant aux logiques intrapsychiques de la foi et de la raison. Par-delà le « fil rompu de la tradition » (selon Tocqueville et Arendt), la psychanalyse reconnaît les forces des monothéismes pour la constitution de la subjectivité : de l'unité et de la profondeur de sa vie psychique comme antidotes à la banalisation de l'espèce. Aussi, dans l'ère planétaire multi-religieuse et post-religieuse, la psychanalyse invite-t-elle l'homme et la femme à ne reconnaître d'autre « lien unifiant » que le désir d'analyser toute identité et tout lien. Et la félicité que procure ce travail d'élucidation. Y compris l'élucidation de la honte que tente Mathieu.

Je dis donc, mon cher Jean, que les tentatives de démolition de la psychanalyse ne s'adressent pas à on ne sait quelle idole imaginaire, mais à cette transvaluation du continent grec-juif-chrétien dont la psychanalyse dégage la portée anthropologique universelle et qu'elle transmet au plus intime d'une humanité menacée d'automatisation.

Une fois de plus, pardon de ne pas suivre nos échanges en ligne droite. En partant des ruines amoncelées devant ma fenêtre, notre commune préoccupation m'a conduite aux blessures qui m'entourent et à celles du Temps (majuscule !) qui passe et nous dépasse. Comment faire autrement ?

Je t'embrasse,

Julia.

Trosly-Breuil, le 20 mai 2010

Chère Julia,

J'ai été touché par l'histoire de Mathieu, par sa honte et le déni de ses handicaps. Hélas, beaucoup de personnes avec un handicap sont dans la même situation. La société, leurs parents veulent qu'elles deviennent « normales » en réussissant à tout prix. Leur intégration les oblige même souvent à vivre seules dans un logement en niant leur handicap.

Cette question de la honte et du déni m'amène à parler de nouveaux aspects de ma vie, en particulier des visites que j'ai faites dans les prisons au cours des années 70 ; j'y ai rencontré beaucoup d'hommes et de femmes enfermés dans leur honte. J'ai pu visiter presque toutes les prisons de « haute sécurité » du Canada. Dans l'une d'elles, près de Calgary, j'ai prêché une retraite pendant cinq jours. La nuit, dans ma cellule, je regardais la lune à travers les barreaux de fer en songeant à tous les hommes et toutes les femmes de par le monde qui se trouvaient enfermés dans une cellule à contempler eux aussi cette même lune, et je priais pour eux. Une lumière dans la nuit, une lumière qui encourage et apaise... Un détenu s'était proposé pour être mon secrétaire et arrangeait les entrevues avec les autres. Un gardien m'avait conseillé de faire attention à lui, car c'était, disait-il, un escroc réputé. Je n'ai pas voulu écouter son conseil, estimant que le gardien nourrissait des préjugés sur cet homme qui, de son côté, m'avait confié des événements importants de sa vie et dont j'étais devenu proche. Ce détenu m'a demandé si je pouvais lui fournir quelques adresses d'amis, entre Calgary et Halifax (tout à fait à l'est du pays), car il avait besoin de lieux d'atterrissage afin de ménager son retour chez lui. Bien sûr, je lui ai fourni quelques adresses. Quelque temps après, j'ai reçu plusieurs lettres de mes amis me disant : « Merci de nous avoir envoyé ton ami ; il est reparti avec notre téléviseur, notre chaîne stéréo, notre voiture, etc. » Tout cela pour dire qu'on ne peut faire confiance à tout le monde : le gardien avait raison ! Pour autant, derrière ses manipulations, cet homme, je pense, cachait un authentique désir de se trouver un véritable ami, il cachait sa honte.

Cet épisode ne m'a pas découragé dans mes visites aux prisonniers, il m'a juste rendu un peu plus avisé. Parfois, je peux me laisser entraîner dans une relation de confiance sans chercher à vérifier la sincérité de l'autre. La confiance naît et s'approfondit petit à petit, au fil du temps et à travers certaines épreuves.

J'ai été invité dans cette même prison à parler au « Club 21 », un groupe d'hommes qui avaient tous été condamnés à vingt et un ans de prison pour meurtre. J'ai passé une soirée avec eux et j'avoue qu'ils m'ont profondément ému. En arrivant dans ce club, je leur ai dit : « Je me sens incapable de vous parler, j'ai besoin de vous écouter. » Chacun, à son tour, m'a raconté son histoire. Un grand Américano-Indien nous a narré qu'un jour il était entré dans un bar, et là, un Blanc complètement saoul avait insulté sa tribu et son peuple. Il s'était alors dirigé vers lui et lui avait tapé sur la tête. Il a ajouté : « Je n'ai pas voulu le tuer, je voulais juste qu'il cesse de parler comme ça, mais je l'ai tué et j'en ai pris pour vingt et un ans. » En écoutant chacun de ces hommes, j'avais un peu honte, je me disais : « J'ai grandi au sein d'une bonne famille, j'en ai reçu une éducation, un soutien, j'ai pu faire des choix, des projets. Si j'avais connu la situation familiale de ces hommes, je serais peut-être moi aussi en prison. »

De la même façon, lors d'une rencontre en Syrie avec un groupe de jeunes chrétiens orthodoxes et catholiques, j'ai commencé ma conférence en leur demandant : « Pourquoi êtes-vous chrétiens ? Est-ce uniquement une question sociologique, parce que vous êtes nés de ce côté-ci de la rivière ? Si vous étiez nés de l'autre côté, seriez-vous musulmans ? » Par bien des aspects, notre avenir est déterminé par notre enfance.

Tout dernièrement, j'ai eu l'occasion de visiter deux prisons en France : la Santé (quel nom !), à Paris, et celle de Nanterre. J'aime à dialoguer avec ces hommes si meurtris, blessés, souffrants, chacun avec son histoire. Je leur parle des souffrances que je rencontre ici, à l'Arche ; je leur fais part de ce que j'entends derrière l'expression de la violence : un cri pour la vie ; et derrière l'expression de la dépression : une peur de la vie. Je leur parle de la honte d'être soi, je leur dis combien chacun de nous a besoin de quelqu'un qui le regarde et l'écoute avec respect, lui révélant sa part de beauté et de vérité. Hélas, ces hommes ne peuvent souvent plus se fier à ce regard et à cette écoute, car ils ont été trop trompés ou abusés ; on s'est approché d'eux pour les laisser tomber aussitôt. Un des détenus de la Santé m'a dit : « On ne peut avoir confiance dans un autre que si on a appris à s'accepter soi-même et à avoir confiance en soi. »

Ces rencontres rassemblent peu de monde : trente personnes à la Santé, environ soixante-dix à Nanterre, sur à peu près sept cent cinquante détenus dans chacun de ces établissements. Un maigre échantillon d'hommes en quête de sens. J'ai passé plusieurs heures à la prison de Nanterre : le temps de rencontrer personnellement un certain nombre de détenus, dont un qui m'a confié : « En arrivant en prison, j'étais complètement dépouillé, j'avais tout perdu, mais, ici, j'ai trouvé Dieu. » Il a été « dépouillé » d'une réputation de force et de criminalité, mais il a été empli de paix en découvrant qui il était. L'expérience d'être aimé de Dieu l'a libéré, je crois, de la honte.

Je trouve que ces hommes en prison ont quelque chose de différent qu'il est difficile de définir, qui les rend ouverts et spécialement attirants. Je dirai qu'ils ont été mis à nu, ils savent que tout le monde connaît leur crime et leur situation de détenus, même si d'aucuns restent enfermés dans leur colère et dans leur désir de jouer les caïds.

Dans les prisons du Canada, d'Afrique ou d'Haïti, j'ai pu rencontrer tous les détenus qui le veulent ; en France, en raison des mesures de sécurité, je ne suis habilité à rencontrer que les prisonniers connus des aumôneries.

Ce désir d'entrer en relation avec les détenus me rappelle mon départ de la marine en 1950, quand je voulais m'engager dans une communauté de laïcs dans les quartiers noirs de Harlem, à New York. Cette communauté chrétienne œcuménique vivait dans un esprit d'amitié et de soutien avec les habitants en difficulté. En définitive, mon vœu ne s'est pas réalisé, mais il m'en est resté un désir de prendre place entre deux mondes : celui des nantis, installés plus ou moins dans le confort, et celui des exclus, vivant plus ou moins dans la précarité et la souffrance. Ces deux mondes sont représentés dans l'Évangile de Luc par Lazare et par l'homme fortuné qui passait son temps à faire la fête, ignorant les besoins, la souffrance et la faim de Lazare.

C'est peut-être pour cela aussi que je me suis toujours senti proche des Petites Sœurs de Jésus. Cet ordre, fondé dans l'esprit de Charles de Foucauld en 1939, crée de petites fraternités de trois ou quatre sœurs dans les quartiers difficiles des villes ou dans des villages isolés d'Afrique, d'Asie ou du Moyen-Orient. Elles ne vivent pas dans des couvents, protégées derrière des murs, mais dans de modestes maisons ou logements proches de voisins qui, le plus souvent, ne connaissent rien de Jésus. Elles ne prêchent pas, elles ne sont pas là pour convertir, mais seulement comme une présence humble et aimante de Jésus, une présence faite de prières et d'amitié auprès de gens vivant dans une grande pauvreté et dans la honte. C'est ainsi qu'elles vivent aussi bien sous la tente chez les Touareg au Niger, dans les bidonvilles de Rio de Janeiro, dans les quartiers violents de Santiago, ou encore dans ceux où sévit la prostitution à Marseille ou à Paris, etc. Leur désir est de vivre près de voisins qui ont connu le rejet, l'humiliation et la honte, pour leur révéler qu'ils sont des personnes à part entière, des êtres de valeur aux yeux de Dieu.

Nous sommes là au cœur du propos de ta lettre : la *honte*. La honte d'être soi-même, la honte d'avoir un handicap, la honte d'arborer une peau noire… Je voudrais aussi évoquer la honte de cet alcoolique dont le père m'avait téléphoné, espérant que l'Arche pourrait le soutenir. Son fils avait fait plusieurs cures en hôpital de jour, mais sans succès, car il retombait à chaque fois dans l'addiction. J'ai suggéré à ce père de réunir les membres de sa famille et de leur parler de son fils non plus comme un sujet de honte ou d'un problème à résoudre, mais comme d'un homme souffrant qui pleure de chagrin d'être la honte de la famille. S'il ne veut pas ou ne peut pas s'arrêter de boire, dans son isolement, n'est-ce pas qu'il a besoin d'un ami qui voie en lui, derrière la dépression, l'alcoolisme, les angoisses, la culpabilité et la honte, un être humain créé pour être aimé tel qu'il est, et non comme le voudrait sa famille ?

Une des responsables de l'Arche en Australie, avant de venir dans notre communauté, œuvrait auprès des personnes prises dans la prostitution. Elle a retrouvé un jour, dans le parc de Sidney, un jeune homme qu'elle avait suivi et accompagné : il mourait d'une overdose. Elle l'a pris dans ses bras, et ses derniers mots ont été : « Tu as toujours voulu me changer, tu ne m'as jamais accepté comme je suis. » Pas facile d'aimer les gens tels qu'ils sont !

En 1973, nous avons accueilli Pauline à l'Arche. Âgée de quarante ans, elle était épileptique, hémiplégique, avec un bras et une jambe paralysés. Elle vivait emplie d'accès de violence et de colère. Elle aurait bien frappé les personnes de son foyer, mais risquait toujours de tomber, alors elle cassait les objets et hurlait. Les responsables de ce foyer travaillaient avec notre psychiatre Erol Franko non pas à enrayer sa violence par la force, mais à tenter de la comprendre. Bien sûr, il fallait inculquer à Pauline certaines règles pour adapter son comportement, mais il fallait surtout comprendre la source de ses accès de violence, qui étaient comme des cris pour la vie.

Pauline est née en 1933 – il y avait alors peu de services dédiés aux personnes handicapées et à leurs parents. Elle n'est jamais allée à l'école, ayant toujours été considérée comme une incapable, comme une honte, une déception pour ses parents ; elle n'avait droit ni à la parole ni à l'expression de ses désirs. N'étant pas reconnue comme une personne à part entière, elle avait une mauvaise image d'elle-même, elle se sentait laide, sans valeur, sans importance, elle avait honte d'être différente des autres. Elle criait pour être reconnue. Dans ces moments-là, elle sortait de son isolement pour que les gens cherchent non pas à stopper ses violences, mais à dialoguer avec elle. Le mépris enduré pendant de longues années laisse de lourdes séquelles dans le cœur. Pauline était presque « obligée » de crier pour révéler son être, caché derrière les murs de la honte. Peu à peu, elle s'est apaisée et a découvert progressivement une image positive d'elle-même. Peut-être n'a-t-elle jamais vécu une transformation totale, mais l'essentiel est qu'elle ait été écoutée, comprise, respectée dans son être profond. Il fallait l'aider à ne pas avoir honte de ses manifestations de violence, si compréhensibles.

L'Arche cherche à instruire, à former par la vie et le travail des personnes en difficulté en vue de les aider à trouver confiance en elles-mêmes, à se relever, à découvrir par elles-mêmes leur humanité, leur beauté profonde. C'est la honte qui empêche la découverte de soi et de ses valeurs.

En Inde, les femmes à la peau très foncée la maquillent pour la rendre plus claire : elles ont honte d'être noires. Ces femmes sont pourtant souvent d'une éclatante beauté, mais c'est la culture ambiante qui les condamne à paraître autrement. Mathieu, dont tu parles, compensait son handicap par des réussites spectaculaires : il a ainsi refoulé sa honte ; dans l'analyse, il a pu en parler, être écouté, compris – être soi-même et pouvoir en parler signe le début de la liberté.

Voilà qui m'amène à la psychanalyse. Je comprends les bienfaits de l'analyse pour aider certaines personnes en difficulté à être reconnues dans leur être le plus intime. L'analyse révèle à certains la profondeur et la beauté de la conscience humaine, notre commune identité, à nous tous qui sommes membres d'une immense famille humaine. Je réalise aussi que beaucoup de ceux et celles que nous accueillons ici à l'Arche ne pourront bénéficier d'une analyse. Ces personnes ont plutôt besoin d'être accompagnées avec respect et compétence dans leur cheminement en vue de découvrir, à partir d'une relation fidèle, qui elles sont, et qu'elles sont aimées ; qu'elles n'ont pas à souscrire à la volonté de leurs parents ou aux prescriptions de la société. Elles pourront aussi prendre conscience que les mauvaises attitudes de leurs parents les ont parfois profondément blessées. Cet accompagnement requiert du temps. Oui, j'ai entendu les critiques formulées sur la psychanalyse, mais la vraie justification de celle-ci vient de ce que peuvent en dire les analysés : elle les a aidés à mieux vivre.

Comme je te l'ai déjà raconté, depuis ma démission de la marine, j'ai beaucoup navigué entre le monde de ceux qui ont réussi, qui en sont fiers, et le monde de ceux qui n'ont pas réussi au regard de la prétendue normalité. Cela a commencé par un séjour à Harlem et a abouti à l'Arche, ici, à Trosly. Vivre avec ceux qui ont connu la honte pour leur redonner un peu de confiance en eux-mêmes : voilà ma recherche. Pourquoi ce chemin ? Quelle honte ai-je moi aussi voulu cacher dans mon tréfonds ? Quel est le point de départ de ma quête ? Je ne sais. Peut-être est-ce simplement la parole de mon papa quand je suis parti m'engager : « J'ai confiance en toi. » Est-ce lui qui m'a donné assez confiance pour que je puisse à mon tour aider d'autres personnes à retrouver confiance en elles-mêmes ?

Dans ma vie, j'ai eu quelques maîtres spirituels : Jésus, Charles de Foucauld, Etty Hillesum, Thérèse de Lisieux, Oscar Romero, le père Thomas Philippe, entre bien d'autres que j'ai mentionnés dans ma dernière lettre. L'Arche est pour moi une école pour apprendre à aimer, à regarder celui qui est différent avec respect, à lui témoigner une grande écoute, tout en cherchant à me désencombrer de mes préjugés et de mes désirs de pouvoir. Je sais que le progrès dans cette attitude commence par la prise de conscience de mes blocages, des nœuds qui sont en moi, et par la conviction que j'ai besoin d'être aidé pour poursuivre ce chemin.

Je suis heureux de cette correspondance avec toi, Julia, car je peux y exprimer ma pensée sur certains aspects de ma vie que je n'aurais pas évoqués autrement. Est-ce que tu es en train de me psychanalyser ? J'aime t'écouter et t'écrire ; par là, je souhaite avancer dans la vérité de moi-même et des autres. L'Arche a été pour moi la découverte d'énergies insufflant sagesse et amour, éveillées par les personnes les plus faibles. Mes violences aussi m'ont été révélées là.

Je t'ai déjà parlé d'Éric ; je voudrais maintenant te parler de Lucien, avec qui j'ai vécu pendant une année. C'était un homme affligé d'un très lourd handicap, autiste, fermé sur lui-même, catatonique, ne parlant ni ne marchant, incapable de regarder l'autre dans les yeux. Il a vécu trente ans avec sa mère, une femme merveilleuse, d'une bonté et d'une sagesse éminemment maternelles. Elle savait répondre avec vérité à ses cris, à ses appels au secours. Elle a dû être hospitalisée alors que Lucien avait une trentaine d'années ; comme il ne pouvait pas vivre seul, il fut à son tour hospitalisé et connut les affres de l'angoisse. L'angoisse naît de la communion brisée. Lucien est finalement venu à l'Arche, l'hôpital n'étant pas un lieu pour lui. Vivre avec lui était doux, surtout quand j'étais proche de son corps en lui donnant son bain : il se détendait et un grand sourire illuminait son visage. À d'autres moments, il entrait au contraire dans une spirale de hurlements. J'avoue que je ne pouvais supporter ses cris. Ses angoisses ont éveillé les miennes, je voyais poindre en moi des accès de haine et de violence, le désir qu'il n'existe pas. Au fond, ce n'était pas lui que je haïssais, mais les réactions qu'il suscitait en moi. La violence peut conduire au meurtre : j'ai réalisé alors que je pouvais tuer quelqu'un. Je n'étais pas loin de la honte.

Je vis heureusement en communauté, aussi n'étais-je pas seul avec Lucien et pouvais-je parler avec d'autres de ce que je vivais. La naissance de la violence n'est pas mauvaise en soi, elle ne relève pas de la honte, elle nous habite tous, mais il fallait que je l'accepte et apprenne à l'apprivoiser. Ce qui peut devenir dangereux, c'est l'usage de cette violence. Lucien m'a aidé à mieux me comprendre. La lumière et les ténèbres cohabitent en moi, et je dois maîtriser ces semences de haine. La lumière doit continuer à luire dans les ténèbres, et je dois apprendre à ne pas me laisser conduire par les accès d'angoisse. J'ai encore bien du chemin à faire. Vivre à l'Arche avec des gens limités et fragiles aide chacun de nous à découvrir et à accepter sans honte ses propres limites et ses fragilités.

J'ai donné une conférence il y a quelques années à de futurs officiers de l'armée française. Un dîner avec cinq généraux a suivi cette conférence. À la fin du repas, je leur ai projeté une vidéo sur l'Arche. En la regardant, je me suis entendu dire : « L'important, à l'Arche, est d'accueillir nos faiblesses. » Je t'avoue que j'avais honte de m'entendre prononcer ces mots devant des hommes habitués à user du langage du courage ! Quelque temps après, je me suis excusé auprès du général en charge de l'école d'avoir montré cette vidéo où j'évoquais l'accueil de nos faiblesses. Sa réponse m'a pourtant conforté dans mon propos : « En ce moment, à l'école, nous parlons des prisons en Irak, du fait que des soldats américains ont été amenés à torturer des personnes qui les provoquaient. Nous avons approfondi la conviction que ces soldats n'avaient su accueillir leurs faiblesses et leurs limites. Leurs actes de violence inacceptables avaient découlé de leurs faiblesses non assumées. »

L'Arche est bien une école où chacun apprend à se connaître et à s'aimer comme il est, sans honte. Voilà, Julia, le point où ta lettre m'a amené. Et j'ai grande envie de continuer le chemin !

Je t'embrasse,

Jean.

Paris, le 26 juin 2010

Cher Jean,

D'abord, je te remercie de ta dernière lettre, si riche de ton expérience, si stimulante par l'énergie qui s'y exprime. Depuis un mois, je ne cesse de traverser le Vieux Continent : Londres, Istanbul, Rome… Beaucoup de fatigue que compensent les généreuses preuves d'amitié et le bonheur d'être entendue et discutée. Pourtant, c'est de solitude que je voudrais te parler aujourd'hui, celle qui m'a encore et nouvellement rattrapée au gré de mes divers contacts, missions, interventions…

La psychanalyse, évidemment : ses adversaires, que je préfère ignorer, sinon mépriser, ses avancées que j'essaie de faire connaître. Mais aussi la difficulté d'être une femme libre face aux burqas, aux conservatismes des uns, aux dénis de la maternité des autres. Les forces et les pièges des monothéismes, aussi : eh oui, je suis sollicitée sur ce front, le tien, tu le sais. Forcément, puisque le fameux « dialogue interreligieux » se heurte à la peur de chaque croyance d'être phagocytée par ses concurrentes, et que le repli des uns et des autres sur leurs « fondamentaux » tend à les enfermer dans des intégrismes à la fois respectifs et croisés. Un autre dialogue semble s'imposer dès lors, non moins difficile, mais plus actuel et peut-être plus primordial : le dialogue entre sécularisation et tradition, entre ceux qui ne croient pas et ceux qui croient. Et parce que je suis convaincue que le fil de la tradition est coupé, mais que les religions sont le « disque dur » de l'humanité, je suis de ceux qui partagent ce souci : il est urgent d'ouvrir ce disque dur. Sans le répéter tel quel, ce qui perpétue le « heurt des religions » ; sans négationnisme non plus, qui conduit à la guillotine et au goulag. Mais pour en connaître les détails, les expériences précises, pour se l'approprier et ainsi seulement la « transvaluer », comme le proposait déjà Nietzsche. Une « transvaluation » que Freud a su introduire dans l'intimité de chacun par son invention de l'inconscient, au croisement de la sexualité et du langage, de la biologie et du sens, et en allongeant le mal-être sur le divan, dans ce lien amoureux qu'on appelle le transfert/contre-transfert. Et, quoi qu'il en soit, notre Europe si problématique, si vulnérable, si inaudible dans le vacarme de la globalisation toujours fascinée par Wall Street décidément impossible à moraliser, et secouée par les BRIC[1] décidément pas prêts à soigner la planète –, notre Europe n'est pas tout à fait sourde à cette transvaluation, c'est ce que j'ai perçu et compris très concrètement au cours de ce mois itinérant.

Par exemple à l'Académie britannique avec des philosophes agnostiques et athées qui possèdent une profonde connaissance de l'histoire du christianisme. Ou bien sur les bords du Bosphore où, malgré la montée de l'islamisme et de l'antisémitisme, une forte élite intellectuelle, des psychanalystes et des féministes, développe les idées des Lumières. Ou encore à Rome où le Festival des littératures m'a

1. Brésil, Russie, Inde, Chine.

offert une superbe place en clôture pour exposer les extases de Thérèse d'Avila telle que je la réinvente dans mon livre, tu imagines !

Avec tout cela, je ne suis pas à plaindre, pourtant c'est bien de solitude que je voudrais t'entretenir, de la mienne et surtout de celle des personnes handicapées, qui m'a empoignée dans mes nuits plutôt blanches, tu le sais, surtout après des journées aussi intenses.

Ma solitude ? Dans la chambre d'hôtel au-dessus de la mer de Marmara, après avoir supervisé une collègue psychanalyste turque ; en sortant de la basilique de Massenzio où j'ai présenté *Thérèse* ; comme à la superbe exposition des « Peintres de la Renaissance italienne » au British Museum, à Londres – j'ai eu l'étrange sensation d'habiter pleinement ce qu'on appelle, en jargon psy, la « capacité d'être seul(e) ». Qu'est-ce ?

Ni une satisfaction heureuse ni un isolement chagrin. Rien que la plénitude d'une singularité qui, à force d'être approfondie et communiquée, n'en éprouve pas moins son incommunicable étrangeté. Sans doute parce que, dans tous ces domaines et pays, au cours de toutes ces rencontres, j'avais la conviction que des projets, des pensées, des ouvertures sont en route… mais à contre-courant (de la récession ? de la paresse ? de l'incapacité d'aimer ? de la peur de penser ?).

Je me suis souvenue de ceci : il y a longtemps, jeune fille déçue dans ses amours et par l'égotisme des milieux littéraires (ah, ce culte sadomaso que génère l'autofiction !), j'avais pris l'avion pour je ne sais où, et j'ai découvert avec surprise l'article de Roland Barthes, « L'Étrangère », consacré à mon travail. Il développait une vision magique de l'étrangeté – de la mienne, en l'occurrence – en lui attribuant le « rôle historique » de « déplacer » les « derniers préjugés » : non pas les préjugés nationalistes qu'on commence à connaître, mais les préjugés qui refusent l'« autre langue » : la « langue » ou la « manière de penser, de sentir, d'être » qui dérange les normes et dévoile des secrets, des étrangetés inavouables parce qu'elles nous concernent.

Étais-je flattée, donc sauvée de ma mélancolie d'adolescente attardée ? Certainement, et pas seulement. Roland me disait que *j'avais droit* à ma solitude. Plus : que je pouvais et devais l'explorer, la développer, la partager. Que ma solitude, ma différence, mon incompatibilité étaient ma façon de vivre : une bonne façon de vivre, peut-être même la seule qui vaille. Du moins est-ce cela que j'ai voulu comprendre en le lisant dans l'avion à bord duquel j'avais cru m'« échapper »...

Il m'a fallu du temps pour que cette compréhension abstraite devienne la solitude singulière – en *exclusion interne,* ou en *inclusion externe*, je ne sais, des « communautés » ; au « bord de » et néanmoins « en prise sur » ; possible/impossible – dont je te parle maintenant. Ça passe par la psychanalyse que j'ai faite et que je poursuis avec mes patients. Ça s'est consolidé par et grâce à l'écriture, à l'enseignement, aux amis avec lesquels je conduis divers engagements... Ça a failli s'effondrer, mais, en définitive, ça s'est reconstruit à la mort de mes parents, à la naissance de David...

Quel rapport avec les personnes handicapées ? Je n'en ai rencontré ni à Londres, ni à Istanbul, ni à Rome. Mon programme trop chargé ne m'a pas permis de prendre contact avec les lieux de vie et les associations locales. D'ailleurs, les grandes villes se protègent de ce monde du handicap qui confronte aux limites de la vie : on préfère écarter les plus vulnérables dans des quartiers marginaux, voire à la campagne, avec toutes sortes de bonnes raisons pour ce genre d'exclusion : « C'est plus tranquille », « Vous ne serez pas gênés », etc., même pour ceux et celles dont l'autonomie est suffisante et qui pourraient construire une intégration citoyenne bénéfique pour leur propre développement tout autant que pour le lien social lui-même. Et c'est parce que je ne les voyais pas que j'ai pensé à… leurs solitudes.

Solitudes au pluriel, puisque chaque personne porte la sienne, et parce que le handicap non seulement ne « case » pas l'homme ou la femme dans une catégorie (sourds, aveugles, autistes, etc.), mais accentue la singularité de la déficience, et plus encore de la personne.

Solitudes plurielles de ceux et celles qui vivent soustraits au tourbillon du monde, dans la clôture de leur difficulté de penser, de sentir, de se mouvoir. Solitudes que la civilisation moderne aggrave en les « plaçant » hors d'atteinte, dans des institutions (au mieux !) protectrices, mais qui leur coupent les ponts avec le mouvement de la vie sociale, à laquelle chacun, dans les limites de ses capacités, est capable de participer pour continuer à se développer, c'est-à-dire à vivre.

Oh, je sais, nous parlons tous d'intégration ! Excellent projet et énorme échec ! Où sont les lieux de vie pour personnes handicapées dans les centres-villes ? Combien y en a-t-il à Paris, où les « terrains » et les « logements » vont prioritairement aux « groupes de pression », comme partout ailleurs ? Où sont les accompagnateurs compétents et rémunérés en conséquence pour assurer cette intégration ? Austérité oblige, les allocations pour les handicapés sont menacées et d'ores et déjà réduites ; les crédits pour le fonctionnement des centres, les transports, les aides diverses sont les premiers « rabotés » dans les budgets de l'État et des collectivités locales. Les ONG des handicapés ne sont pas des lobbies influents dans le jeu politique, et puisque nous sommes désormais en campagne électorale permanente, il n'y a aucune chance que l'isolement des personnes handicapées devienne une vraie préoccupation politique.

C'est à nous d'agir ? Qui, nous ? Les religieux ? Les communautés ? Les parents ? Les humanistes ? Foire d'empoigne ou impuissance ! On ne baisse pas les bras, je sais, et je te parlerai plus loin du train DéfiHandicap que nous essayons de lancer contre vents et marées, mais y arriverons-nous ? La solitude du désespoir fait son chemin. Et la « capacité d'être seul(e) », que je viens d'évoquer, serait-elle l'unique recours ?

Pourtant, les personnes handicapées, tu le sais, ne l'ignorent guère. Cela peut paraître paradoxal, puisqu'il est déjà difficile d'acquérir cette « capacité d'être seul » quand on n'est pas affecté de handicap apparent. Comment serait-il possible de la posséder si l'on est par définition dépendant, puisque handicapé ? Ne pas avoir honte de ses limites, les assumer, en « tirer le meilleur parti » pour vivre un « autre être » avec une « autre langue », parfois mineure, parfois incroyablement plus subtile, tendre et fine – bien qu'inobservable à l'œil nu par la communauté des performants standardisés. Les personnes handicapées qui ont eu la chance d'être accueillies comme des êtres à part entière partagent mieux que quiconque cette « capacité d'être seul » en quoi me paraît résider la sagesse de l'humanité sécularisée. Ceux qui ne sont pas handicapés auraient intérêt à partager cette expérience, à l'intégrer dans leur propre parcours vital de valides.

Je pense à cet état d'âme, chez la personne en situation de handicap, que tu connais mieux que quiconque par ta cohabitation avec le monde du handicap, y compris très lourd : lorsque la personne handicapée a accepté ses limites irrémédiables (pour moi, le mot « différence » est faible, dans ces conditions, c'est bien plus que cela, nous en avons déjà parlé, car c'est aux frontières de la vie et de la mortalité que nous place le handicap, et pas seulement en marge du pacte social, avec ses notions de normalité ou d'anomalie...) ; donc, lorsqu'elle a pu s'appuyer sur un accompagnement affectif (à commencer par celui que lui dispense sa famille), compétent (basé sur les connaissances scientifiques de son handicap spécifique, et sur le dévouement d'intervenants formés et valorisés) et citoyen (la solidarité politique) pour dépasser la honte et développer ses créativités, fussent-elles restreintes –, alors cette personne nous met en contact avec notre propre solitude déculpabilisée, à l'écoute du monde, et liante.

Cette étrangeté partageable par-delà la souffrance me semble la marque ultime de la fierté humaine : la solitude d'une humanité fière de se lier aux autres avec et par-delà cet irréductible noyau qu'est et que sera son irréparable déficience.

Des exemples ?

Mon David, avec ses difficultés psychomotrices et peut-être parce que nous l'avons accompagné, son père et moi, de tant d'amour, mais aussi d'exigences et d'activités qui ne l'ont jamais coupé du monde, vit sa solitude avec une sérénité mature, qui est devenue pour moi un exemple et la meilleure façon d'aller vers ma propre « capacité d'être seule ». Écoute comment David résume sa philosophie existentielle ; cela commence par : « C'est dur, la vie. » Et cela continue par : « *It is hard to be the best, but I am.* »

En riant, mais pas vraiment, avec le plus grand sérieux, et dans une concentration allégée, presque un détachement. Notre professeur d'anglais (nous prenons toutes les semaines une leçon d'anglais, moi pour maintenir ma forme, lui pour avancer), une adorable étudiante américaine qui avait subi une hospitalisation pour cause de dépression grave, mais qui s'est rétablie et a pu achever sa thèse de doctorat, n'en revient pas. Moi non plus, au demeurant.

D'une autre façon, j'ai entendu cette solitude de l'endurance créative et partageable dans les propos des personnes en situation de handicap avec lesquelles nous avons donné suite aux états généraux de 2005 par la création du Mouvement international Handicap : Solidarité, Égalité (HSE). Tu as bien lu : solidarité entre les handicapés et ceux qui ne le sont pas, mais égalité aussi. J'avoue qu'au début j'ai trouvé le mot « égalité » inapproprié. Mais j'y ai souscrit, car mes amis, qui l'ont imposé, ne peuvent vivre avec l'énergie qui est la leur sans cette conviction que j'appellerai « capacité des seuls d'être ensemble ». Ils savent que leur vulnérabilité est irrémédiable, peut-être s'aggravera-t-elle, peut-être pourront-ils l'atténuer : en tout cas, ils vivent en la mettant en œuvre pour créer de nouvelles expériences humaines, de nouveaux liens. Ce n'est pas l'égalité qui banalise et uniformise, ce n'est pas non plus la solitude qui se retranche, stigmatisée et boudeuse. C'est la solitude qui se sait telle, mais qui défie les peurs et les conservatismes en s'adressant – à égalité – à la singularité de chacun.

Le Mouvement HSE prépare depuis un an maintenant un train DéfiHandicap pour faire connaître à une opinion publique toujours réticente cette capacité d'être seul(e) ensemble. Pourrons-nous mener à bien ce projet ? Rien n'est moins sûr. C'est évidemment avec la SNCF que nous préparons ce défi, et elle nous accorde un soutien extraordinaire. Tu connais sans doute les trains qui ont déjà sillonné le pays : ceux du cœur, du sang, etc. Une mobilisation intense, surprenante par les temps qui courent, se fait jour déjà dans les dix-sept villes-étapes où s'arrêtera notre train-exposition : Paris, Reims, Metz, Strasbourg, Dijon, Lyon, Clermont-Ferrand, Grenoble, Marseille, Montpellier, Toulouse, Bordeaux, La Rochelle, Poitiers, Nantes, Rennes, Lille. Il s'agira de rassembler handicapés et ceux qui ne le sont pas autour des dimensions essentielles de l'existence : vie autonome et citoyenne ; vie affective, familiale et sexuelle ; vie scolaire ; vie professionnelle ; vie artistique et culturelle ; vie sportive et loisirs ; vie, santé, éthique et déontologie ; la *vie* en situation de grand handicap. Deux fils conducteurs, dans les wagons-expositions, retraceront les réussites et les défauts qui caractérisent l'accompagnement des personnes handicapées dans notre pays.

Le premier s'intitule « Une histoire à suivre ». Cinq personnes, clairement identifiées et prénommées, certaines handicapées, d'autres non, depuis l'enfance jusqu'à l'âge adulte, introduisent dans le quotidien concret du handicap ; elles vivent ensemble de nombreuses expériences : leur vie est évoquée à travers des scènes-clés en relation avec les thèmes de l'exposition. Ces personnes accompagnent tout au long du train les visiteurs, qui découvrent ainsi les difficultés, les joies, les réussites et les échecs des « héros », leurs relations affectives : celles des personnes handicapées et celles des personnes confrontées au handicap (amis, membres de la famille, intervenants divers). Le visiteur doit pouvoir s'attacher à ces cinq-là, avec l'envie de connaître le cours de leur vie, la manière dont elles surmontent ou non leurs problèmes, leur façon d'agir dans des situations singulières et précises. Un espace « interactivité » est prévu : des « bornes » avec des questions (Quiz) sur les situations auxquelles sont confrontées ces personnes. Les joueurs doivent trouver les meilleures réponses afin d'aider les personnes à résoudre leurs problèmes.

Le second fil conducteur, c'est la « citoyenneté » – enjeu fort de notre Mouvement HSE – : « Être citoyen, c'est d'abord se sentir autonome dans la cité, c'est également devenir acteur de sa propre histoire, c'est aussi être responsable de la communauté. » Pour matérialiser la citoyenneté, deux symboles se conjuguent : la ville (la cité) et les hommes et les femmes (la foule, la multitude). Dès l'entrée, un texte d'accueil, sorte d'édito, présente la notion de citoyenneté et la philosophie de l'exposition. Une frise représentant à la fois le contour d'une urbanisation (une succession d'immeubles, d'arbres, de moyens de transport) et une multitude d'individus intégrés dans la cité accompagne ce texte et court tout au long des quatre voitures du train.

Ce sera un parcours « découverte », concret et vivant. Nous appelons entreprises publiques et privées – Renault, L'Oréal, Areva, EDF, GDF, La Poste, et toute entreprise privée solidaire – à y participer en finançant l'initiative, à charge pour elles d'utiliser notre espace pour : présenter à leurs partenaires et collaborateurs les ambitions et réalisations qui animent leur action tout en y sensibilisant le public ; à partager avec les collectivités locales les dynamismes et les actions concrètes menées ; à diffuser auprès des professionnels et des médias leurs produits, solutions et systèmes novateurs.

Communiquer est bien sûr essentiel pour faire connaître ces enjeux éthiques majeurs. Une stratégie *on line* : site Internet à accessibilité optimisée, blog, portail Netvibes, page Facebook, compte Twitter, podcast, e-mailing pour informer et fédérer avant, pendant et après l'événement. Bien sûr aussi, des kits de communication (affiches, flyers, articles...) commandés par les villes-étapes pour expliquer l'événement et attirer le plus largement possible les visiteurs de tous les milieux, en particulier les scolaires. La création d'un « Guide des innovations », sélectionnées d'après l'appel à innovations de l'association HSE, est prévue, ainsi que diverses animations dans les gares et sur les quais, par les associations locales, les collectivités, les partenaires...

Il y aura aussi des activités prévues avec les partenaires et les visiteurs : comme, par exemple, dans l'espace « village » du train, une surface d'1/4 ou d'1/2 wagon pré-équipé sera mise à disposition selon les souhaits des partenaires, évidemment des actions avec les responsables régionaux de chaque étape. Ou l'hébergement d'un responsable de chaque partenaire pendant toute la tournée dans une « voiture-hôtel », etc.

D'ores et déjà, beaucoup d'enthousiasme à la base : du côté des autorités locales, des associations d'élèves et d'étudiants (à Paris, par exemple, celle de Sciences-Po, qui l'eût cru !), etc. Des organisations de personnes handicapées de Norvège et d'Italie sont prêtes à venir. On va s'adresser aussi à nos voisins des pays de la Méditerranée, avec lesquels nous avons de bons contacts.

Le problème éternel, tu t'en doutes, c'est l'argent : le budget alloué par la SNCF n'y suffit pas. À l'heure actuelle, il nous manque des partenaires suffisamment nombreux et généreux. Les pouvoirs publics soutiendront-ils le principe de ce train afin d'encourager ainsi la participation des entreprises ? Il nous reste quelques mois, le train est prévu pour le printemps 2011, mes amis font de leur mieux, à contre-courant de la rigueur et de l'austérité. Rien n'est joué, et j'avoue que le doute s'installe en nous facilement. Avec la solitude, la mauvaise, la dépressive, la désespérante…

D'autant que les nouvelles sont alarmantes, comme en témoignent les personnes handicapées et ceux qui vivent au quotidien avec elles : dégradation de l'environnement, manque de structures pour personnes vieillissantes, menaces planant sur les ressources, difficultés à trouver des places… La liste est longue !… Voici un des exemples dramatiques que me communique un membre du Mouvement HSE :

Les « Ateliers protégés » sont devenus des « Entreprises adaptées ». On a remplacé la *protection* des travailleurs contre les trop fortes contraintes du monde du travail par l'*adaptation*. Le concept de protection ne fait plus partie du vocabulaire de ceux qui sont chargés de mettre en œuvre les politiques de solidarité. Ces « Entreprises adaptées » sont des entités de production ou de services permettant à des hommes et à des femmes de tenir une place dans un environnement de travail, de recevoir une rémunération, signe de l'intégration dans le monde ordinaire. Tout comme les anciens « Ateliers protégés », ces entités sont soumises au Code du travail, mais ce ne sont pas des établissements médicosociaux, et elles bénéficient d'aides variées (aides aux postes et subventions à chaque intégration en milieu ordinaire). Les difficultés économiques entraînent souvent leur condamnation. Car de quoi se nourrissent ces entreprises ? D'une sous-traitance pour des « bas niveaux de qualification » : travaux de conditionnement, de câblage, mais aussi de prestations de restauration, de ménage, etc. Présentées comme des lieux d'intégration par le travail, les « Entreprises adaptées » sont aujourd'hui les premières victimes de la crise. Les travaux de sous-traitance qui leur étaient autrefois confiés restent maintenant au sein des entreprises, qui doivent gérer l'activité de leurs propres salariés Leur place dans les processus de production, en fin de chaîne, sur des missions ne requérant qu'une faible qualification, les expose plus que d'autres. Leur demander de faire des efforts de productivité n'a aucun sens. Elles sombrent peu à peu, déposent leur bilan, mettent en œuvre des plans de sauvegarde de l'emploi. Beaucoup de ces entreprises sont confrontées aux conséquences de la perte de marchés, de leur faible compétitivité, et de l'impossibilité d'améliorer leur productivité en raison notamment de la fragilité de leurs travailleurs. Dans le Val d'Oise, plus d'une trentaine d'entre elles, gérées par l'APAJ[1], sombrent, et les travailleurs handicapés écartés risquent de rejoindre la cohorte des sans-emploi avec de faibles chances de retrouver, dans le milieu ordinaire, un nouveau travail. C'est cynique, scandaleux, mais légal et conforme au Code du travail !

Contrairement aux « Entreprises adaptées », les ESAT (Établissements sanitaires d'aide par le travail) sont des établissements médicosociaux. Ils bénéficient, à ce titre, de financements publics et doivent compléter leurs ressources par des bénéfices réalisés par leur activité commerciale. Ainsi les ESAT qui bénéficient d'une force commerciale et de production peuvent-ils se mettre à l'abri des aléas des carences de financements publics. Dans l'ancien système, un ESAT en déficit n'était pas pour autant condamné, puisque, selon les anciennes réglementations, ses déficits étaient financés. Or, les nouveaux textes ont introduit le principe du « tarif plafond », désignant le montant maximum susceptible d'être financé par

1. Aide pédagogique aux adultes et aux jeunes.

l'argent public. Tout dépassement des dépenses restera à la charge des gestionnaires. Les structures qui auront de bons résultats commerciaux pourront résister. Les autres, pour se rapprocher du « tarif plafond », devront réduire leurs charges, essentiellement de personnel, donc dégrader l'accompagnement des travailleurs. Elles seront aussi contraintes, pour améliorer leurs résultats économiques, de sélectionner les travailleurs les plus performants, délaissant les plus fatigables, les moins sensibles aux impératifs de rentabilité, ceux pour qui l'essentiel était d'avoir un travail, ceux pour lesquels les ESAT ont été créés.

Que restera-t-il comme lieu d'aide par le travail pour les plus fragiles ? Rien, hormis ces structures occupationnelles qui ressemblent souvent à ces ateliers qui étaient autrefois légion dans le monde de la psychiatrie.

Au moment où les pouvoirs publics renforcent les mesures coercitives à l'encontre des entreprises qui ne respectent pas leurs obligations d'embauche de travailleurs handicapés, on assiste à une fragilisation croissante des dispositifs adaptés aux besoins, avec une conséquence inéluctable : la mise à l'écart de citoyens fragiles à qui le travail procurait une véritable identité.

Tu dois connaître, cher Jean, d'autres dérives qui contredisent les bonnes paroles des politiques et mettent en péril les personnes en situation de handicap. Parlons-en, essayons d'alerter, de prévenir la déshumanisation en cours. Que faire d'autre ? Ce sera un défi, faute de train…

Je t'embrasse,

Julia.

Trosly-Breuil, le 15 juillet 2010

Chère Julia,

Merci pour ta longue lettre dans laquelle tu parles de ta solitude comme de « la plénitude d'une singularité qui, parce qu'elle peut être communiquée, n'en éprouve pas moins son incommunicable étrangeté ». Ta lettre m'est parvenue à un moment un peu particulier. Je viens d'être opéré de la cataracte, opération assez bénigne, mais qui me laisse fatigué. Je suis dans ma chambre, seul, loin de la brillance du soleil, et je goûte un peu cette solitude. Je suis seul et en même temps j'ai de la difficulté à lire et à écrire avec un seul œil, car mes lunettes n'ont pas encore été ajustées. Je suis amené à dicter cette lettre à l'intention de ma secrétaire sur un dictaphone. Cela est tout à fait nouveau pour moi, et plus difficile, car j'aime écrire à la main, avec un stylo. Comme toi, néanmoins, je peux dire qu'en ce moment je goûte cette solitude. Je me sens heureux de vivre et d'exister, j'éprouve comme une sorte de plénitude qui jaillit du plus profond de mon être. Il m'est loisible de dire : « Je suis heureux. » En même temps, je sens profondément que je ne suis pas seul. Je peux regarder au-dehors, voir les feuilles des arbres, le ciel bleu, et entendre le chant des oiseaux. Oui, je ne suis pas seul ! Je fais partie d'un immense cosmos, d'une terre où de petites bêtes apparaissent et disparaissent. Je respire l'air parfois un peu chaud et aspire à un peu plus de fraîcheur : l'air dont les feuilles ont besoin, dont les animaux ont besoin et qui emplit l'univers. Je découvre une sorte de communion avec l'air, la lumière, la chaleur et l'eau, avec toute la réalité de ce monde extraordinaire.

Ce sentiment de ne pas être seul s'est accentué par la visite de Philippe, ce matin : il est venu m'apporter un pot de confiture de framboise qu'il avait fabriquée – une visite gratuite. Il est venu frapper à la porte pour me remettre ce cadeau, puis il est reparti. Tout à l'heure, Odile va venir pour mettre des gouttes dans mes yeux. J'aime ma solitude, mais elle fait partie de quelque chose de plus vaste, car je ne suis pas seul.

Je suis simplement un être infinitésimal dans cet univers qui a commencé il y a des millions et des millions d'années et qui continuera après moi. En même temps, je fais partie d'une communauté, l'Arche, et je fais partie d'un village, d'une société. Cette solitude est une sorte de plénitude intérieure où je me sens en sécurité. Je me réjouis d'exister. J'ai mon histoire, bien sûr, et j'ai connu dans cette histoire des moments de peur, d'angoisse, où je ne pouvais me réjouir de la solitude. Mais je vis aujourd'hui cette joie comme une présence, une communion. Présence de ce qu'il y a de plus caché en moi à moi-même, présence de moi-même à la communauté, présence et communion avec cette terre et cet univers, présence et communion avec Celui qui est source de cet univers, du mouvement des étoiles et des planètes, source de cette vie merveilleuse.

Oui, je connais une communion avec Dieu qui est chez Lui en moi, et moi chez moi en Lui. Je rends grâce parce que je sens que j'ai ma place, que je suis aimé, malgré mon âge et tout ce que je porte en moi de faible et de fort. Je suis bien là où je suis. Je me demande si ce n'est pas cela, les grâces de quiétude dont parle Thérèse d'Avila : une sorte de paix profonde qui vient de Dieu, de sa présence dans l'action de grâce. Remercier Dieu parce qu'il est, remercier Dieu pour cet univers, Le remercier pour ma vie, mes parents, cette communauté de l'Arche et pour tous ceux qui s'y trouvent. Remercier pour les assistants qui viennent d'arriver comme pour ceux qui vont partir, mais surtout pour la présence des hommes et des femmes en situation de handicap qui sont la source de cette communauté. Quand je marche dans la rue, je croise tous ces sourires qui disent : « On est ensemble, et la vie est belle ! »

La solitude est belle quand elle est habitée par cette plénitude, mais ce n'est hélas pas toujours le cas. Il y a quelques mois, je parlais avec des hommes sans domicile fixe. Ils cherchaient un logement, et pourtant l'un de ces hommes de la rue m'a dit : « Le logement, le logement, ce n'est pas juste cela que je veux, parce qu'une fois logé je suis tout seul, et ça, c'est horrible. » La solitude est épouvantable si elle n'est qu'isolement, *loneliness*. Nous autres humains, nous somme faits pour la relation, pour être les uns avec les autres, pour créer une ambiance de paix et de sécurité par le respect et l'amour qui nous unissent. L'isolement, trop souvent associé à la dépression, à l'angoisse, est à l'origine de toutes les formes de haine, de peur et de violence. Ma solitude d'aujourd'hui est une solitude pleine parce que je me sens aimé, je me sens appartenir à cet univers, en sécurité avec moi-même et avec Dieu.

J'aime ce que tu dis de la solitude et de l'isolement des personnes en situation de handicap. Elles sont

« soustraites au tourbillon du monde dans la clôture de leur difficulté de penser, de sentir et de se mouvoir. Solitudes que la civilisation moderne aggrave en les plaçant hors d'atteinte dans des institutions protectrices ». Tu as raison : on ne peut aimer la solitude qu'en ayant conscience d'avoir reçu la sécurité, d'avoir été aimé, accepté, accueilli tel qu'on est. Le sentiment d'être bien dans mon corps et dans mon cœur s'enracine dans ma famille, où j'ai été aimé et où j'ai pu opérer de libres choix à différents moments de ma vie. Dans nos dernières lettres, nous avons parlé de la honte d'être soi que connaissent tant de personnes en situation de handicap. Elles ressentent aussi de la honte vis-à-vis de leur famille. Mes parents, eux, étaient fiers de moi, et je n'ai pas vécu cette honte. Ma solitude de communion jaillit d'une enfance heureuse.

Avec toi, je souffre pour tant de personnes en situation de handicap qui ont été institutionnalisées, plus ou moins coupées de leurs proches. Elles vivent parfois une intégration forcée, seules dans leur logement malgré le passage éventuel d'un service de suivi sympathique mais changeant. Cette solitude ou cet isolement résulte de la honte d'être différent, de ne pas avoir avec d'autres des liens profonds, qui scellent une véritable alliance. Ces personnes s'enfoncent alors dans un monde de souffrance, d'angoisse et d'agonie, et cherchent souvent des plaisirs éphémères.

J'entends ton cri, le cri de l'analyste, le cri de la femme, de la maman : « Où va-t-on, dans ce monde ? » Des politiciens croient résoudre les problèmes en distribuant de l'argent (parfois aussi en coupant les subventions), quand il faudrait plutôt un véritable changement des cœurs.

J'aime beaucoup cette idée de train, ce train qui va aller de ville en ville, de lieu en lieu, apporter des messages, des témoignages d'espérance et de vie. Des gens pourront enfin entendre les personnes en situation de handicap évoquer leur vécu, leurs souffrances ou leurs réussites, tout ce qui est beau et blessé en elles. Ils pourront s'identifier à elles et créer des liens en réalisant que l'autre, même différent, est une personne comme eux.

Je reviens sur des choses dont nous avons déjà parlé. Tu as souligné avec force la différence entre la peur de celui qui est différent à cause d'un handicap et celle que Juifs ou Palestiniens peuvent éprouver les uns envers les autres. Tu as raison. La peur de la personne affectée d'un handicap nous révèle nos propres peurs, celles éprouvées face à nos fragilités, à des pertes possibles, à des accidents… En côtoyant la personne handicapée, nous percevons que notre place dans la société est menacée par la possibilité d'un accident ou d'une maladie qui nous plongerait brutalement dans ce monde de l'isolement et de l'angoisse. N'est-il pas ici question de la peur de notre propre mortalité ?

Oui, accueillir la personne différente implique un véritable changement du cœur, l'intégration de nos propres fragilités et de l'idée de notre mort. Nous vivons dans une société où l'on a peur de perdre les acquis sociaux, ses relations, son emploi, et davantage encore d'être soustrait à cette terre des vivants. Tout ce qui me rappelle mon humanité éveille en moi des peurs cachées : l'être humain est bien programmé pour vivre et croître, mais aussi pour décroître et mourir sans en connaître le jour ni l'heure. Grâce à ce train qui, je l'espère, traversera toute la France, nous nous ouvrirons non seulement les uns aux autres, mais aussi à l'accueil de nos propres fragilités. Me revient à l'esprit cette parole de Martin Luther King où il affirme que la paix n'est possible que si chacun accueille ses propres ténèbres et fragilités. Chère Julia, je prends donc ce train avec toi et espère que ce voyage conduira à un véritable changement des cœurs, et non pas seulement à un meilleur sens de la justice.

J'ai beaucoup apprécié ce que tu dis de la nécessité d'un dialogue entre ceux qui nourrissent une foi traditionnelle et ceux qui évoluent dans le monde de la sécularisation. Le dialogue entre gens religieux peut conduire à des impasses, à des murs, si chacun se dit au fond de soi : « J'ai raison, l'autre a tort. » Comment arriver à ce que le dialogue soit véritablement ouvert et que des chrétiens puissent accueillir, par exemple, ce que des musulmans peuvent leur apporter sur le chemin de l'union à Dieu ? Christian de Chergé – ce moine trappiste assassiné en Algérie – dit que Mohammed, un musulman, l'a aidé, lorsqu'il était séminariste, à entrer plus profondément dans la prière. Cela lui a demandé beaucoup d'humilité, de travail sur soi, une véritable ouverture reçue de Dieu, un réel désir de s'enraciner dans sa propre foi chrétienne.

Quand tu parles de ce dialogue entre ceux qui sont pris dans la sécularisation et ceux qui sont formés par la tradition, je dis : « Oui, mille fois oui ! » Je trouve que tu occupes une place importante dans ce dialogue, car tu as une bonne connaissance de la foi traditionnelle, tu as étudié Thérèse d'Avila et tu l'as aimée. Tu as rencontré des théologiens, tu as pu parler avec eux, et, en même temps, tu affirmes avec une force tranquille que tu n'as pas la foi. Il est tellement nécessaire, pour des chrétiens, d'écouter des hommes et des femmes de notre société qui s'appuient sur leurs expériences de vie et leur connaissance de l'humain, et non pas exclusivement sur une foi traditionnelle. Je suis toujours en admiration quand je rencontre tel ou telle qui n'a pas la foi, mais qui travaille avec intelligence et sagesse pour une société plus fraternelle et plus humaine. J'aime à les écouter, à comprendre leur histoire et peut-être leur colère contre l'Église, ou du moins leur incompréhension vis-à-vis d'elle. Nous participons d'une humanité commune et chacun de nous, à partir de ses expériences d'humanité, a quelque chose à dire sur ce que c'est qu'être homme ou femme.

Thomas d'Aquin s'est appuyé sur Aristote pour développer sa philosophie. Toute connaissance, disait-il, prend sa source dans l'expérience. Jean-Paul II a rédigé une encyclique sur la relation entre foi et raison, qui sont « les deux ailes qui permettent à l'esprit humain de s'élever vers la contemplation de la vérité ».

Comment ne pas voir ce qu'il y a de merveilleusement humain en chaque être ? Chaque personne peut parler de ce que c'est, être humain, parce que chacun fait partie de la grande famille humaine. Je suis avec toi dans ton désir de cheminer vers un plus grand humanisme et un accueil plus radical des uns et des autres. On peut si vite condamner l'autre au goulag ou à la guillotine : lui couper la tête et l'empêcher de penser, au lieu de l'écouter et de le comprendre !

À l'Arche comme à « Foi et Lumière », nous cherchons à vivre une relation authentique et réciproque avec des personnes en situation de handicap, chacune ayant un don à nous faire à travers cette relation. Êtres humains à part entière, elles ne peuvent sans doute pas apporter au monde de vastes connaissances scientifiques, ni déployer de grandes activités humaines, mais souvent elles offrent une parole ou un geste de sagesse émanant de leur humanité : des paroles sur l'amour, la souffrance et la mort, sur leur lutte pour vivre dans la lumière et non dans les ténèbres. De leur faiblesse jaillit souvent une sagesse de vie, car elles ne sont en quête ni du pouvoir ni des apparences.

Les personnes en situation de handicap m'ont toujours ramené à ce qu'il y a de plus humain dans l'humain : le cœur, une vie relationnelle faite de joie, la souffrance, le cri pour la vérité, la justice et l'amour. C'est en vivant avec elles que j'ai découvert leur beauté et leur sagesse. L'humanité ne se réduit pas à ce qui est enfermé dans la prétendue normalité, dans la recherche de la performance et de l'élitisme. Vivre humainement, ce n'est pas juste subir ses fragilités, mais aussi les accepter, les accueillir, être en perpétuel dialogue avec elles. Être humain, c'est s'accueillir pleinement soi-même pour s'ouvrir et se donner aux autres. Notre cœur peut se fermer sur soi ou s'ouvrir aux autres, à l'univers et à l'universel. S'ouvrir humblement aux autres, se libérer de soi-même constitue certes un risque, mais le risque d'être pleinement humain.

En quittant la marine en 1950, j'ai d'abord voulu m'engager à Harlem, vivre proche des gens pauvres et brisés dans les quartiers noirs de New York. À cause de la présence du père Thomas Philippe, j'ai cheminé dans une autre direction, mais toujours aux côtés des gens faibles. En 1964, j'ai découvert combien les personnes en situation de handicap étaient des personnes opprimées, enfermées dans leur famille ou des institutions, souvent perçues comme des êtres qui n'étaient pas pleinement humains. La société les voyait sous l'angle de leurs seules déficiences, elle refusait de voir en elles le trésor de leur cœur et de leur vie relationnelle. Ma joie, depuis 1964, est de vivre avec les personnes de mon foyer, de célébrer la vie ensemble et, par là, de trouver un sens à ma propre vie.

Aujourd'hui je voudrais te parler des liens que nous avons, à l'Arche, avec des hommes et des femmes sans domicile fixe. J'ai déjà évoqué leur cas dans ma quatrième lettre. Nous organisons ici des retraites, deux fois par an, pour ces hommes et ces femmes de la rue. Nous sommes aidés dans l'organisation de ces retraites par des amis que nous comptons au sein d'associations qui œuvrent auprès d'eux : « Aux captifs la libération », « Semences d'espérance », « Secours catholique », « Apprentis orphelins d'Auteuil » … La dernière de ces retraites a eu lieu au moment de la fête de Pentecôte, elle a rassemblé à peu près 43 hommes et femmes, plus quelques accompagnateurs. J'ai été impressionné par la façon dont ces hommes et ces femmes écoutaient le message de l'Évangile. Ils ont échappé à la tyrannie de la normalité, ne désirant ni l'avoir ni le pouvoir. Ils n'étaient ni dans la révolte ni dans la dépression. Ils étaient descendus tellement loin, tellement bas dans le monde de la honte, des ténèbres, de la pauvreté en eux-mêmes, que leur capacité à écouter des mots d'espérance en était comme enrichie. J'entendais comme un cri jaillissant en eux, un cri appelant à écouter le message de Jésus. Un message qui n'est pas une condamnation ni un jugement, mais une présence faite de tendresse pour leur être profond, caché parfois sous tant d'éléments de pauvreté, de misère et de handicap. Jésus est venu révéler et relever chacun, l'aider à retrouver confiance en soi et à se remettre debout.

Durant ces retraites, nous vivons ensemble un moment impressionnant quand nous nous lavons mutuellement les pieds. Dans l'histoire de l'humanité, il y a toujours eu des saints, comme saint Louis, pour laver les pieds des pauvres. Nous avons découvert à l'Arche qu'il ne s'agit pas, pour les assistants, de laver les pieds des personnes en situation de handicap, ou les personnes jetées à la rue, mais bel et bien de se laver les pieds les uns les autres. Albert me lave les pieds, et moi, je lave les pieds d'André, et ainsi de suite. Ce ne sont pas les gens bien-portants et dignes qui lavent les pieds des gens faibles, mais nous nous lavons mutuellement les pieds. Je suis profondément ému par la façon dont Jésus (Jean, XIII), au milieu d'un repas solennel, ôte ses vêtements, signe de dignité, se met à genoux, noue une serviette autour de ses reins, verse de l'eau dans un bassin et commence à laver les pieds de ses disciples. Pierre a une réaction forte : « Non, vous ne me laverez jamais les pieds, jamais ! » Pierre se conforme à une vision normale de la société : les forts et les compétents en haut, les inutiles en bas. La réponse de Jésus est étonnante : « Si tu ne te laisses pas laver les pieds, tu n'auras plus de part avec moi » – tu ne peux plus être mon ami, mon disciple. Jésus si sage, puissant et bon, se met à genoux comme un serviteur pour laver les pieds de ses disciples. Il ne cherche pas à créer une société « normale » faite de rivalité et de compétition, mais un « corps » où chaque personne, quelles que soient ses forces et ses faiblesses, aura sa place. Il semble que Jésus soit en train de dire à chacun : « Je t'aime comme tu es, j'ai confiance en toi, relève-toi, je voudrais t'aider à ce que tu découvres combien tu es beau, combien tu es capable de donner ta vie pour les autres. » Par un geste d'en bas, Jésus révèle et relève : un geste plein de tendresse, qui est en même temps un enseignement : « Maintenant, dit-il, ce que j'ai fait pour vous, il faut que vous vous le fassiez les uns les autres. J'ai fait cela comme un exemple pour vous. » Il ajoute : « Le serviteur n'est pas plus important que le maître », et il rappelle enfin que ce geste de laver les pieds des disciples est une béatitude (*makarios*), un chemin vers le royaume de l'amour et du respect mutuels. Quelle belle image de l'Église : un corps où chacun doit se mettre à genoux pour relever l'autre !

Ainsi chacun peut grandir selon ses capacités, et en même temps aider d'autres à se relever et à grandir dans l'amour. Sont effacées ces divisions et ces haines qui trouvent leur origine dans une attitude de jugement – « J'ai raison et tu as tort », « Moi je suis l'élite, et toi, tu es un pauvre » – et empêchent les gens d'œuvrer ensemble. C'est comme sur la terre, où de grands et beaux arbres cohabitent avec de petites fleurs fraîches et jolies.

Se laver mutuellement les pieds, c'est reconnaître que nous sommes tous pareils, dans le fond de notre humanité : les gens de la rue ont sombré à cause d'une maladie ou du manque de travail, d'un rejet ou d'un choc quelconque. Ils se sont retrouvés en bas. Ils sont pourtant comme moi, et moi je suis comme eux. Moi, j'ai la joie de faire partie d'une communauté et d'avoir des amis. Cependant, je sombrerai un jour dans la pauvreté et une faiblesse plus grande où ma personne seule, petite et pauvre, attendra que le voile de l'existence humaine se déchire.

Nous ne sommes pas là pour aider les personnes de la rue à trouver du travail ou un logement, mais pour vivre notre humanité ensemble, pour nous dire notre amitié. Au cours du repas du dimanche, à table avec Martine et Sophie, j'ai demandé à Martine : « Où vas-tu dormir ce soir ? » Elle m'a répondu : « Je ne sais pas. » Je lui ai demandé : « Dans quel quartier es-tu ? » Elle m'a confié : « Oh, je navigue entre la gare du Nord et la gare de l'Est. » Je lui ai alors dit que je passais de temps à autre par les quais n° 13 ou n° 17 de la gare du Nord, et que nous pourrions peut-être nous y retrouver. Elle a ri, moi aussi. Sophie, elle, vivait dans un hôtel qui lui coûtait 500 € par mois, soit beaucoup trop pour elle. Martine et Sophie avaient des visages burinés par la souffrance, mais aussi adoucis par la tendresse. C'était vraiment un cadeau pour moi de manger à leur table. Là encore, je retrouve cette béatitude que révèle Jésus : manger à table avec les exclus, ces gens si vrais et si simples !

Depuis ma démission de la marine, j'ai toujours voulu être disciple et ami de Jésus, lui qui a agi pour la paix universelle et pour ramener à l'unité les enfants de Dieu dispersés. Ce qui blesse la vision de Dieu, ce sont les puissants qui écrasent les faibles, qui empêchent la vie d'éclore et qui n'écoutent pas le cri des faibles. Jésus est venu libérer les puissants de leur soif de pouvoir et les opprimés de leur manque de confiance en eux-mêmes. Le grand désir de Jésus, c'est l'unité.

Je t'avoue que j'ai encore du mal à accueillir la parole de Jésus sur l'amour de l'ennemi. C'est facile, dit Jésus, d'aimer ceux qui vous aiment, mais je vous le dis : « Aimez vos ennemis, faites du bien à ceux qui vous haïssent, parlez en bien de ceux qui parlent mal de vous, et priez pour ceux qui vous persécutent. » J'ai encore du travail à faire en moi pour ouvrir mon cœur à ceux qui me gênent, aux oppresseurs qui écrasent et n'écoutent pas les gens faibles.

Je suis touché par ces paroles d'Etty Hillesum : « Le moindre atome de haine que nous ajoutons à ce monde nous le rend plus inhospitalier qu'il n'est déjà[1]. »

C'est à cette condition seulement qu'on pourra cheminer vers un monde où la paix grandisse, où chacun, avec ses capacités et ses incapacités, soit reconnu dans son unicité et sa citoyenneté.

Je suis attiré par les mouvements dits non violents qui cherchent à œuvrer pour l'unité. Je n'aime pas tellement le mot « non-violent », parce qu'il a une connotation par trop négative. J'aime mieux parler d'un amour respectueux de chacun, y compris de ceux qui oppriment, car chacun est une personne. Quand je suis allé en Inde pour la première fois, en 1969, j'ai découvert la force spirituelle du Mahatma Gandhi pour libérer l'Inde du joug britannique et aider les intouchables à se relever sans écraser ni violenter ceux qui les opprimaient. Gandhi a écrit à Hitler une lettre probablement datée de 1942, qu'il a signée : « Votre ami sincère, Mahatma Gandhi ». Les amis juifs de Gandhi ont stigmatisé cette lettre, mais Gandhi ne pouvait imaginer que Hitler fût un homme si mauvais qu'il ne puisse changer. Martin Luther King m'a lui aussi beaucoup appris par sa façon d'agir, face à celui qui opprime, en utilisant des méthodes propices au changement. Gandhi et Martin Luther King ont dû s'appuyer sur un grand nombre de personnes, indiennes ou noires américaines, pour faire advenir la justice et libérer les opprimés, afin de constituer une force de paix.

Comment créer une force de paix comportant un nombre important de citoyens pour permettre aux personnes en situation de handicap de trouver leur

1. Citation intégrale p. 123.

juste place ? Espérons que ce train dont tu me parles va aider notre société à devenir plus humaine.

Abdul Ghaffar Khan était un ami de Gandhi ; lui aussi a lutté avec des moyens non violents contre les militaires britanniques. Il était musulman et vivait dans le nord de l'Inde. Dans les années 30, les Anglais ont voulu s'emparer par la force de l'Afghanistan, ils se sont opposés aux Pachtouns dont Ghaffar Khan était un des chefs. Ghaffar Khan a alors formé l'« armée de Dieu », dont chaque membre devait prononcer un vœu : servir Dieu en servant l'humanité, répondre à la cruauté par le pardon, œuvrer pour une coexistence respectueuse des religions, vivre une vie simple et servir les plus pauvres. Ghaffar Khan a passé vingt-six ans en prison : treize sous les Anglais, treize au Pakistan, car, comme Gandhi, il avait refusé la partition de l'Inde. Les Anglais ont montré beaucoup de cruauté envers les Pachtouns ; dans leurs rapports à Londres, les généraux parlaient d'eux comme de sauvages, de brutes et de barbares. Pourtant, la lumière de vie venait bien d'eux. N'est-ce pas la même chose qu'a vécue Etty Hillesum quand elle évoque les Juifs du camp de Westerbork montant dans les wagons destinés aux chambres à gaz d'Auschwitz en chantant des psaumes sous les regards implacables et haineux des soldats nazis ?

Les puissants sont souvent enfermés dans les prisons de la peur, impatients qu'ils sont de protéger et d'accroître leur pouvoir en écrasant les faibles. Les personnes faibles ont pourtant une sagesse et une vision du monde beaucoup plus justes. Au fond de leur pauvreté, elles n'ont plus rien à perdre ; elles savent où gisent la vérité et l'amour.

Je voudrais continuer sur ce chemin en restant proche des plus faibles. Je sais que l'Arche ne va pas changer le monde, mais que nous pouvons être un petit signe : le signe que les personnes comme David, avec leur handicap, possèdent une sagesse que nous ignorons, que nous avons encore à découvrir en nous mettant à leur école.

Je t'embrasse, chère Julia. Je voudrais que cet été soit plein de paix pour toi. Je suis désolé de ne pas pouvoir venir à Ré, mais je serai en communion avec toi,

Jean.

Paris, le 2 août 2010

Cher Jean,

Je lis ta lettre et j'imagine que nous embarquons ensemble à bord du train Défi Handicap. Pour l'heure, c'est encore un rêve, les pouvoirs publics ne bougent pas, L'Oréal encore moins, et même si la SNCF est très engagée, il manque encore beaucoup d'argent. Évidemment, mes amis continuent à prospecter, car l'attente est grande. Quoi qu'il en soit, nous le prendrons, ce train, il ne peut pas ne pas partir un jour ou l'autre !

Oui, je t'entends : nous aimons la solitude quand nous ne sommes pas seuls, quand le choix nous est offert de bénéficier d'un entourage qui nous soutient, lequel manque souvent à la personne handicapée. Tu insistes sur cette manière d'être au monde que tu appelles « présence et communion ». C'est beaucoup plus difficile à partager si aucune transcendance ou aucun au-delà ne me garantit ni éternité, ni résurrection, ni paradis. Néanmoins, l'athée que je suis interprète autrement « présence » et « communion », dans leur réalité psychologique et sociale, et il me semble alors que je te rejoins.

Le poète Maïakovski, ardent révolutionnaire de 1917, futuriste et fort peu religieux, disait qu'il croyait en la résurrection. En effet, quand les pulsions les plus intimes parviennent à s'inscrire dans les mots, cette espèce d'incarnation partagée que devient alors un poème, une œuvre d'art, ou encore tel acte, soin, geste ou regard, donne la certitude de transcender l'isolement et la finitude, l'espace et le temps. Une façon de renaître dans les actes réels ou symboliques qui me lient à ceux qui m'entourent et à ceux à qui je transmets. Une joie certaine accompagne ces rebonds, ces recommencements de ma propre existence qui se réalisent dans les recommencements des vies qui m'entourent. Et qui me relient à quoi ? À l'inconnu, à l'humanité ? Trêve de grands mots ! Plutôt à des fragments d'éclairs. Un ami, acteur célèbre et qui a une longue expérience de la psychanalyse, me dit qu'il lui faut rester modeste quant aux « résultats » de ce parcours qu'il ne cesse pourtant de poursuivre : « Je n'ai pas vraiment changé, l'angoisse me rattrape toujours, mais dans l'analyse je trouve des mots là où ça déborde ou débande. » Pas grand-chose, et pourtant c'est énorme : quel meilleur défi, quand « ça déborde ou débande », que des mots qui partagent, relient, changent l'angoisse en vie !

Non, je ne prêche pas ici pour la seule psychanalyse. Nombreux sont sans doute les moyens à mettre en œuvre pour défier le mal-être et les handicaps eux-mêmes. C'est sur l'importance de l'acte symbolique et les conséquences pratiques qu'il entraîne que nous nous rencontrons, me semble-t-il, quels que soient les différents appuis ou mobiles qui nous le permettent : cet acte symbolique qui serait capable de s'adresser à nos inquiétantes étrangetés pour les faire entendre, partager, moduler, transformer en échanges et en créativités. Imperceptibles à ceux qui ne partagent pas cet investissement (ce

« credo » au sens étymologique du terme, j'y reviens). Mais vitales.

Même si je me dis que ces « états de grâce » qui accompagnent les « lavements de pieds » des personnes stigmatisées par diverses exclusions compensent d'obscures tourmentes et d'inavouables culpabilités, je n'en suis pas moins impressionnée par l'attirance spontanée qui te porte vers le mal-être. Cette mendiante assise sur le trottoir et devant laquelle tu t'es arrêté pour lui parler, méfiante de prime abord devant tant de sympathie, et qui s'est ouverte, à l'aise, presque heureuse, elle aussi, de t'avoir rencontré... Me permettrais-tu de t'avouer que ton adorable sourire et tes généreux remerciements au Destin m'agacent ? Il doit se mettre hors du monde pour pavoiser de la sorte ! me dis-je souvent. Mais je finis par convenir que ton sourire comme tes remerciements à Jésus sont préférables à l'aigreur de tant d'humanistes agnostiques ou athées qui excellent en critiques, déconstructions, revendications et demandes en tout genre, mais « ne savent pas faire ». Ne vont pas au feu. Ils ont toutes les raisons pour cela : rigueur, austérité, crise, intégrisme à combattre, globalisation à prendre en compte, délocalisation inévitable, progrès scientifique inéluctable – on ne peut pas tout faire, cela va de soi... Et, de fil en aiguille, ce sont toujours les plus vulnérables qui doivent consentir des sacrifices. Tandis que l'Hexagone est devenu une sorte de L'Oréal : en plus petit ou en plus grand, ou tout comme, cela dépend du degré de mon humeur massacrante : entreprises déboussolées, exhubérantes richesses, gabegies insensées, transactions obscures, mépris des pauvres, people bling-bling, et lourd silence sur le mal-être.

Ta bonne humeur à toi est active, contrairement à d'autres croyants qui s'enferment dans la béatitude ou, pire, prétendent à la plus haute spiritualité de la main gauche tout en agissant en gestionnaires cyniques des marchés financiers de la main droite. Passons ! Tu es unique, et il faut que cela dure : tu vas voir, l'opération de la cataracte va te rajeunir, après quelques inconvénients postopératoires mineurs, et tu vas lancer à nouveau tes troupes aux quatre coins du monde, porter ta délicatesse à ceux qui en ont besoin.

Je viens de faire une découverte : nous avons des précurseurs inattendus dans le domaine du handicap. Deux écrivains qui d'habitude scandalisent la plupart des catholiques, mais peut-être pas cette fois-ci ! Il s'agit de Voltaire et de Mme du Deffand, dont je lis la correspondance pour des raisons que je t'expliquerai une autre fois, si l'occasion s'en présente… Deux philosophes pas très « voluptueux » (seuls Voltaire et Mme du Châtelet l'ont été), mais certainement passionnés et lucides au point de se sentir pleinement exister en s'écrivant.

Marie de Vichy-Chamrond, marquise du Deffand, devient aveugle à la fin de sa vie et n'en continue pas moins de lire, de penser, de s'en prendre à Dieu, à la royauté, à la politique, aux hommes et aux femmes (sans s'épargner elle-même). Le tout en dictant ses lettres à Voltaire qu'elle adore (« il faut être Voltaire ou végéter ») et en méditant sur sa cécité en même temps que sur le destin mortel des humains, avec un goût non dissimulé pour la mort prochaine. Voltaire, vitalité caustique tout autant qu'ami subtil, ne s'appesantit pas trop sur le handicap de sa complice amoureuse, mais lui rappelle que « mieux vaut souffrir que mourir », et défend l'amour de la vie, quelle qu'elle soit. Le retraité aux Délices explique donc à son amie aveugle qu'il existe sur terre de plus dures vies que la sienne. Il évoque un de ses parents, âgé de vingt-trois ans, tombé de cheval à la chasse et qui en est resté paralysé « à ne pouvoir se servir d'aucun de ses membres, à ne pouvoir soulever sa tête, avec la certitude entière de ne pouvoir avoir jamais le moindre soulagement ». Pourtant, ayant accepté son état, « il aime la vie comme un fou », constate Voltaire, visiblement subjugué par le paradoxe.

Folie, que cet amour de la vie paralysée ? Voltaire pèse ses mots et rédige une apologie en creux de la vie, ou de l'*être* identifié à la *vie,* qui prend la forme d'un réquisitoire ferme et définitif contre le *néant* qui fascine son amie, Mme du Deffand : « Ce n'est pas que le néant n'ait du bon, mais je crois qu'il est impossible d'aimer véritablement le néant, malgré ses bonnes qualités. »

Nous sommes en 1764, et, en lisant ce Voltaire-là, je deviens plus voltairienne que jamais. Pas romantique pour un sou, ni nihiliste, et sans états d'âme. Pas une goutte non plus de ce jus sirupeux dont les bonnes âmes chrétiennes arrosent la souffrance de la personne handicapée, supposée être le *nec plus ultra* de l'humain dans son parcours terrestre. Éprouver la bonté du néant, oui, mais seulement en doublure de l'Être : sans cela, folie pour folie, le néant sans l'être serait la pire. Une évidence, vu de Ferney ! Parce que c'est seulement en étant en vie, quelle qu'elle soit, qu'on peut aimer, se faire aimer, donc aimer quelque chose, l'être, la vie, vous-même, chère Mme du Deffand…

Là-dessus, Marie se fait plus décapante encore. Apparemment. Elle cherche toujours à contredire son maître, son père, autrui, Voltaire en l'occurrence, qu'elle vénère cependant de toutes ses ombres et lumières : c'est féminin, je connais. Elle répète et assène : « Il n'y a qu'un seul malheur dans la vie, qui est celui d'être né. Il n'y a aucun état qui me paraisse préférable au néant. » Et de se livrer à une charge sans merci non pas contre la biologie ou contre Dieu (une fois n'est pas coutume), mais contre la société humaine qui, décidément, ne mérite pas la peine d'être fréquentée : les humains sont « sans passion, sans occupation, sans dissipation… Crevez les yeux à ces gens-là, et placez-les au milieu de Paris, de Pékin, enfin où vous voudrez, […] il serait heureux pour eux de n'être pas nés ». À l'exception de la douleur, l'aveugle admiratrice de Voltaire soutient que « de toutes [ses] peines, [son] aveuglement et [sa] vieillesse sont les moindres », car « tous les maux physiques, quelque grands qu'ils soient, attristent et abattent moins l'âme que les chagrins que nous causent le *commerce et la société des hommes* ». Oui, tu as bien lu : Mme du Deffand s'insurge contre l'économie politique et les lois sociales, plus « handicapantes », dirons-nous, que les déficits divers ou la vieillesse qui la frappe. La voici prête à se faire sociologue, socialiste, gauchiste ? Peut-être, en tout cas la reine aveugle semble bien plus antisociale que Voltaire lui-même, lorsque les deux vieux amoureux rivalisent d'audace pour porter à son apogée le voltairianisme. Et pourtant, imperceptiblement, Marie se rapproche de son maître : la société ne vaut pas la peine d'être vécue, certes, mieux vaut ne pas être née… certes, sauf si…

Sauf s'il était possible d'entourer la personne en situation de handicap de soins personnalisés, d'affection délicate, de soutien social et professionnel – en un mot : d'amour. Évidemment, et pour te montrer que ces deux-là sont nos contemporains, je traduis en jargon bureaucratique ce que l'administration républicaine s'emploie à promettre et à ne pas faire aujourd'hui. Mme du Deffand le dit en mots autrement plus tendres, et qui concernent en premier lieu Voltaire, l'homme unique à ses yeux aimants, pas si aveugles que cela. Ses mots tracent le portrait d'une humanité idéale, aux antipodes de la société si férocement incriminée quelques lignes plus haut. J'y relève deux expressions : « avec » (« Votre jeune homme (il s'agit de la personne handicapée) est *avec vous* ») et « aimer » (« il vous *aime* ») : « Votre jeune homme est avec vous, sans doute il vous aime, vous lui rendez des soins, vous lui marquez de l'intérêt, il n'est pas abandonné à lui-même, je comprends qu'il peut être heureux. »

Le jeune paralytique n'est heureux (dit Mme du Deffand) que s'il aime, parce qu'il n'est ni abandonné (par vous) ni sans intérêt (pour vous) : comme, je l'espère, en ce qui me concerne (insinue l'amoureuse à son amoureux). Mais, aussi et surtout, l'humain handicapé est heureux (« il aime la vie comme un fou ») parce que nous, vous et moi, moi grâce à vous, nous trouvons les mots pour le dire et le faire.

Bien plus que la vie « zoologique » (je fais allusion à cette autre femme de génie dont je t'ai déjà parlé, Hannah Arendt, grande lectrice d'Aristote, entre autres, qui distinguait la *zoé*, notre vie animale, de la *bios*, la vie ayant un sens avec les autres dans la cité, une bio-graphie), Mme du Deffand se construit ici, face au handicap et avec lui, une autre vie : dans cet amour partagé qu'est la pensée à deux, la *pensée avec*, qu'elle appelle un *amour*. Et qui lui dessinera une biographie à elle. « Amour » veut dire, pour cette femme du XVIIIe siècle, le « plaisir de vous lire » (dans vos livres, cher Voltaire, et dans les réponses que vous ferez à mes courriers) : « Une chose me ferait plaisir : de vous lire » ; « Vous adoucissez mes malheurs par l'assurance que vous me donnez de votre amitié et par le plaisir que me font vos lettres. »

Ne crois pas que je m'égare au XVIIIe siècle pour oublier ce qui nous mobilise au quotidien dans l'accompagnement des personnes handicapées aujourd'hui.

Serait-ce ma façon de « changer le regard sur les personnes en situation de handicap » ? Je suis sensible à toute présence, signe ou allusion, présents ou passés, qui témoignent que l'interrogation ou l'engagement au sujet du handicap surgissent immanquablement lorsque les humains abordent le sens et les risques de leur liberté. Je suis persuadée que notre souci de lutter contre l'exclusion des plus vulnérables passe aussi par la nécessité de « désinsulariser » le handicap dans la culture moderne, et cela ne peut se faire qu'en repérant la trace de cette présence tout au long des combats historiques pour l'émancipation des hommes et des femmes. Non, le handicap n'est pas ce « cap au pire » que brocardent les pièces aigres-douces de Beckett, et que les contemporains pressés de « gagner plus » ne peuvent que fuir, redouter et écarter, voire pis. La réflexion, le soin, l'accompagnement des épreuves que vivent les personnes handicapées ne sont pas le lot exclusif et marginal de ceux qui en pâtissent et de leur entourage. Il nous revient, il me revient, d'en repérer le fil rouge partout où les combats pour la liberté, hier comme aujourd'hui, croisent nos préoccupations et élèvent la pensée à plus de dignité et de vérité. Ainsi, c'est en les situant dans la trame de la mémoire culturelle, en les portant à la connaissance de l'opinion, en les inscrivant dans un débat public, le plus large possible, que nous nous donnons peut-être une chance supplémentaire de faire entendre les difficultés sociales et économiques que rencontrent ces personnes handicapées… jusqu'aux divers décideurs politiques… qui ne les comptent pas aujourd'hui dans leurs priorités.

Alors que notre échange de lettres touche à sa fin, et qu'il me conduit bizarrement, nécessairement, à écrire ce grand mot : « Amour », je souhaiterais, cher Jean, revenir – de la hauteur où nous placent ces deux écrivains du siècle des Lumières – à des soucis pas si terre à terre que cela puisse paraître, et que rencontrent les amours (eh oui !) des personnes en situation de handicap. C'est un sujet que j'ai souvent esquissé dans mes lettres : à travers l'imaginaire d'Ibsen (le personnage du petit Eyolf et l'inquiétante étrangeté de ses liens amoureux avec la Femme dératisateur) ; la difficulté, très réelle, d'assurer une vie de couple dans nos institutions (mais que réussit celle que j'appelle Natacha dans son ESAT) ; les divers « thèmes de vies » des États généraux ou de l'hypothétique train « Défi Handicap », parmi lesquels celui de la « Vie familiale, affective et sexuelle des personnes handicapées ». J'aimerais y insister aujourd'hui d'autant plus que, en pensant aux avancées et aux échecs de l'accompagnement du handicap, cette *vie affective et sexuelle* me paraît être très délicate à aborder et très en retard dans le fameux « chantier républicain » sur l'égalité des chances. Peut-être la part la plus difficile du chantier.

Des initiatives innovantes ne manquent pourtant pas, pour briser les tabous et créer les conditions nécessaires – selon le handicap – aux personnes handicapées pour accéder à une vie affective, sexuelle et familiale – voire pour devenir parents eux-mêmes. Je pense en particulier au formidable travail de Mme Catherine Agthé, en Suisse : elle accompagne des intervenants (surtout des intervenantes) qui, par une très fine formation en psychologie, sexologie et kinésithérapie répondent aux demandes affectives et sexuelles des personnes en situation de handicap. Je pense à des Centres d'accueil en Belgique qui assurent le suivi des couples de personnes handicapées (logement, soins, aides diverses, parentalité). Je pense à des groupes d'informations sur l'affectivité et la sexualité que commencent à organiser des institutions d'accueil des personnes handicapées en France aussi (Hôpital Santos-Dumont, Chapiteau Turbulences, etc.).

Mais les tabous persistent, et ils sont aggravés aussi bien par les risques réels d'abus sexuels, auxquels sont exposés les personnes vulnérables, que par les craintes de nombreux parents, souvent soutenus par des préjugés religieux : « Les autres, peut-être, mais jamais ma fille (ou mon fils) ne pense à ce genre de choses ! » – combien de fois ai-je entendu ce « raisonnement » défensif ! Ou encore : « Oui, il (elle) y pense, un peu, mais c'est parce que les éducateurs les influencent, c'est dans leur tête à eux. » Beaucoup d'intervenants témoignent que l'ascétisme catholique qui tend à épurer Eros en Agapè, semble accentuer cette méfiance et coupe court au débat, avant même que l'examen complexe s'engage entre les professionnels concernés sur la meilleure façon d'aborder cette problématique difficile et pourtant centrale. À cela s'ajoute le fait que le « projet libérateur » dont je te parlais dans une de mes lettres, celui d'un « lieu de vie » qui puisse assurer le meilleur épanouissement de la personne handicapée, ce projet-là se cristallise nécessairement avec la participation essentielle des parents ou tuteurs. Mais ceux-ci ne sont pas toujours les mieux placés pour détenir la vérité en ce domaine, délicat car passionnel, et devraient bénéficier eux aussi d'un accompagnement psychologique.

Je suis persuadée, pour ma part, que le lien amoureux, compris dans son sens large – des pulsions sexuelles aux affects et émotions et jusqu'aux idéaux éthiques – non seulement n'est pas inaccessible aux personnes handicapées, mais peut et doit être considéré comme une composante indispensable à la vie psychique et, *a fortiori*, à son optimalisation en situation de vulnérabilité. La reconnaissance de ces besoins, désirs et leur sublimation, voire leur stimulation harmonisant affectivité et sexualité, et surtout l'accompagnement personnalisé de cette véritable alchimie, ne peuvent se construire qu'au cas par cas et demandent une concertation affinée de tous les concernés. Mais, de grâce, lorsque les dogmes du « travailleur handicapé intégré par le travail » commencent à bouger ne serait-ce que légèrement, et que des projets innovants s'ouvrent sur ce continent amoureux si fragile et si essentiel, ne fermons pas ces chances d'accéder à plus d'humanité. Ta parole, cher Jean, est et sera entendu auprès des plus audacieux comme des plus conservateurs. Donnons pour commencer et le plus largement possible le maximum d'informations et de garanties, et ouvrons le débat : quels droits à la vie familiale, affective et sexuelle pour les personnes handicapées ? quels moyens, quels savoirs, quelles formations donner aux intervenants ?

Je reviens pour finir à notre parcours épistolaire que nous avons suivi plus d'un an déjà.

Avec leur génie personnel inégalé, Voltaire et la Deffand maniaient une rhétorique que leur avaient transmise les jésuites passionnément abominés, et ils se mettaient en scène avec un mélange de vanité, d'amour-propre, d'ironie et un sens de l'intérêt général qui nous manque aujourd'hui. Presque deux cent cinquante ans après, leur échange épistolaire nous fait redécouvrir leur époque, admirer les écrivains immortels qu'ils sont, revisiter des paradoxes incontournables. À l'heure des SMS et de Facebook, nous ne pratiquons plus la correspondance comme un des beaux-arts : ni testament, ni confession, ni roman. Nous n'en avons ni le talent ni la vocation, et on peut dire que l'histoire ne s'y prête pas non plus.

Toi et moi avons choisi pour cette correspondance un thème, un engagement, dans l'espoir de le faire revivre, avec ceux qui l'éprouvent dans la souffrance et le dépassement aussi bien qu'avec ceux qui s'en estiment épargnés. Tout en levant par-ci par-là le coin du voile sur nos vies à nous, car nous sommes convaincus que le vaste continent du handicap ne saurait être partagé qu'à partir et dans l'intimité de chacun. En laissant apparaître nos chemins personnels, que d'autres chemins s'ouvrent ! Nous avons un projet, un but, un objectif politique, parce que éthique. Nous lui subordonnons nos goûts, angoisses, plaisirs, philosophies, destins. Notre « personnalité » ne compte que comme celle du passeur, de l'intermédiaire, de l'ouvrier d'une cause. Ce qui explique, sans les justifier, ces accents souvent appliqués, pédagogiques, militants peut-être, que prennent nos lettres, malgré nos passions spontanées, nos convictions charnelles, nos idéaux sensibles.

Cette correspondance s'achève. Mais nous la reprendrons certainement un jour ou l'autre, selon un rythme plus aléatoire, car désormais – pour moi, en tout cas – nos échanges sont devenus nécessaires, tout simplement pour habiter en vérité ce que nous faisons.

Entre-temps, et pour finir, j'aimerais insister sur un thème de mes voltairiens qui ne t'échappera pas : serait-il préférable de ne pas être né ? Au radicalisme de Mme du Deffand, la technique confère aujourd'hui des résonances terrifiantes. Élimination des fœtus à problèmes ? Lesquels ? Je suis pour le dépistage prénatal et pour le libre choix des parents. De même pour les traitements géniques, notamment par cellules-souches, et je m'oppose aux interdits qui risquent de frapper la recherche scientifique, à condition qu'elle soit acceptée par les intéressés ou leurs parents et représentants légaux. C'est en gros la situation juridique en France. Une facilité ? Pas vraiment.

Comme je te l'ai déjà écrit, je pense que ces désirs de parentalité (conformistes ? consuméristes ?) devraient être analysés pour mieux prendre en compte l'intérêt de l'enfant à naître.

L'ombre du néant, dont la séduction augmente par temps de rigueur, austérité et chômage galopant, laisse à craindre de surcroît que l'euthanasie des personnes handicapées émerge des inconscients et des préconscients où elle sommeille, et qu'elle se faufile plus ou moins subrepticement sous couvert de restrictions dans les plans budgétaires. Nous serons de ceux qui ne permettront pas cette barbarie. Et l'humanisme trouvera peut-être, à cette extrême limite de la civilisation, sa véritable refondation. Pourvu que ce ne soit pas trop tard. Mon espoir est que notre correspondance puisse contribuer à renforcer la vigilance.

À toi, cher Jean. Je t'embrasse fort,

Julia.

Abbaye Notre-Dame d'Orval,
le 22 août 2010

Chère Julia,

J'attendais ta lettre avec impatience et elle m'est arrivée ici, à l'abbaye d'Orval. Oui, une belle lettre pleine de force, de recherche, de questions, de fermeté et de clarté. Ici, j'ai le temps de me laisser imprégner par elle et de voir ce qui monte en moi après une lecture prolongée. Il faut dire que je suis bien ici, dans ce monastère qui est de la même famille spirituelle que celui de Tibhirine évoqué dans le film *Des hommes et des dieux*. C'est un temps doux de repos avec le chant des moines – à la fois mélodie et prière –, des marches en forêt et la contemplation des hirondelles. Elles volent parfois haut, très haut, annonçant un beau lendemain, ou parfois au ras de la terre desséchée pour lui dire de patienter, car la pluie vient. Tous les jours, j'observe les bébés hirondelles dans leur nid, leurs petites têtes se dressent au-dessus du bord, ils semblent un peu trop tassés les uns sur les autres pour être vraiment confortables, mais ils attendent le vol de la liberté. La maman hirondelle nourrit ses petits avec beaucoup de tendresse : merveille de la nature…

Ta lettre m'est parvenue après un petit événement qui rejoint nos échanges. Une jeune fille qui vient d'arriver à l'abbaye me rencontre par hasard dans un couloir et nous échangeons nos noms, c'est tout. Trois jours plus tard, elle me revoit au réfectoire et demande à me rencontrer. Nous nous asseyons et elle me raconte l'histoire de sa dépression. « Il y avait comme un gros serpent en moi », me dit-elle. Un séjour en hôpital psychiatrique, la déception avec son psychiatre, un conflit dans sa famille, une sœur jumelle morte avant sa naissance, toute son histoire et sa façon de la raconter m'ont touché. Elle m'a alors demandé qui j'étais. « Non, je ne suis pas belge, mais canadien, né en Suisse, et j'ai fait des études en Angleterre. » Nous nous ouvrons l'un à l'autre. Au moment de son départ, elle me dit : « Merci, monsieur Vanier. – Jean, tout le monde m'appelle Jean », ai-je répondu. Elle m'a appelé par mon prénom et j'ai dit le sien. Cette rencontre, faite de confiance respectueuse et mutuelle, a fait jaillir en moi une étincelle de lumière. Je suis reparti plus léger, le sourire aux lèvres, le cœur plein d'un remerciement à la vie. Elle m'a révélé que j'étais une personne et je lui ai révélé qu'elle était une personne. Cette rencontre fortuite nous a révélé la vie et ouvert à un au-delà.

N'est-ce pas là ce que tu vis avec ceux et celles qui viennent auprès de toi pour une libération ? Faire renaître, c'est transformer les angoisses en vie. Il s'agit alors d'une rencontre qui est célébration et joie, où la mort est intégrée : l'autre est l'autre et je ne le possède pas, je n'ai pas de pouvoir sur lui. N'est-ce pas là, comme en d'autres moments de créativité, cet « état de grâce » qui transcende le temps et brise les murs de la finitude et de l'isolement ? Si ma vie a beaucoup gravité auprès des marginaux, n'est-ce pas en partie dans la recherche de ces états de grâce qui sont comme des renaissances ?

Je suis lié à un au-delà qui est aussi un au-dedans de moi. Ma courte existence aura eu, j'espère, une certaine fécondité pour ceux qui suivront. Laisser derrière soi quelques gouttes de vie pour répondre à leur soif de vie… Je comprends l'athéisme vis-à-vis d'un dieu lointain – au-delà – qui tend à écraser la liberté, comme l'athéisme vis-à-vis d'un dieu de liberté sans éthique, comme celui de l'Argent et du Pouvoir. L'au-delà, pour moi, est aussi au-dedans de mon corps, il a inscrit sa loi dans mon cœur, une loi de bonté, de vérité, de justice, de désir de rencontres. J'œuvre avec toi pour un humanisme nouveau – « ensemble dans le train » –, pour que les murs séparant les soi-disant bien portants de ceux et celles qui sont différents, du fait de leur faiblesse et de leur vulnérabilité personnelle, continuent à tomber.

Ce que tu me rapportes de Voltaire et de Mme du Deffand est passionnant. La vie est rencontre. Marie attend un signe, une lettre de Voltaire qui lui donne vie. Plus elle devient aveugle, plus elle voit clair. Elle ne vit que parce qu'elle est objet de son attention, de son amour. La société ne présente plus d'intérêt pour elle. Les autres, dans leur recherche de flatteries mutuelles et de rivalités dans l'amour, sont condamnés au néant. Mieux vaut alors ne pas naître. Vivre dans le mensonge, enfermé dans une culture de glorification de soi par la société des hommes, n'est pas une vie : c'est tuer la vie. On ne peut parler de néant que parce qu'on est vivant. Ce que Mme du Deffand vit, un bonheur secret, peut-être que d'autres le vivent aussi, même dans cette société de commerce. Le bonheur secret que j'ai vécu un court instant avec cette jeune fille, ici à Orval, peut être vécu par d'autres à leur manière. L'homme paralysé dont parlait Voltaire souffrait dans sa situation inconfortable, mais restait « fou de la vie », il pouvait goûter la rencontre parce qu'il se savait aimé.

Merci Julia, d'aborder ici la question de la vie affective et sexuelle des personnes en situation de handicap. Ce n'est pas un sujet facile et il est très important de l'aborder en face car nous sommes passés d'une société centrée sur une éthique familiale fermée à une société de libération des mœurs. Celle-ci se manifeste souvent d'une façon négative par l'expansion de la pornographie (revues, films, Internet, etc.) dans les sex-shops, les sites de « rencontres », les écrans publicitaires et les réseaux de pédophilie. La culture de la séparation d'Eros et d'Agapè laisse beaucoup de personnes fragiles encore plus vulnérables et angoissées et peut bloquer l'accès à une vraie maturité affective.

Comment aider les uns et les autres à vivre une sexualité digne et responsable ? Notre vie communautaire – tous nos foyers sont mixtes – parvient avec le temps à humaniser pulsions sexuelles et pulsions agressives et met chacun sur la voie d'un mieux-être de son affectivité (après souvent beaucoup d'humiliations voire des abus) et de la maturité. Cette vie ensemble, suscite, via la parole, échanges et partages en proposant un accompagnement personnel et en développant un sens profond de l'amitié et de la solidarité. On se découvre chacun comme des personnes de valeur avec sa propre liberté et un désir de responsabilité. Le danger qui existe aujourd'hui, me semble-t-il, serait de créer une idéologie des droits de la personne sans l'aider à reconnaître ses devoirs. Cette idéologie peut devenir dogmatique, interdisant toute réflexion de fond sur la sexualité, la coupant de ses liens avec une vie relationnelle confiante, stable et sécurisante ; de ses liens aussi avec l'intégration de la mort dans la vie, et avec la croissance vers une réelle maturité humaine.

Dans mon livre *Hommes et Femmes, Dieu les fit*[1], j'ai essayé d'aborder ces questions à partir de mes quarante années d'expérience. À l'Arche, nous avons été témoins de beaux mariages mais parfois aussi d'échecs. Ce livre cherche à aider chacun à vivre sa vie d'homme et de femme dans la dignité et la liberté. Nos communautés continuent à réfléchir et à approfondir ces questions. Oui, il y a là un vaste chantier à ouvrir, mais avec beaucoup de respect et de sagesse.

Au fond, grâce à ta profession mûrie et développée par ton intelligence et ton cœur écoutant et aimant, tu t'élèves contre tout ce qui opprime, enferme, écrase. Je perçois en toi ce désir de faire naître la vie, une vie qui est liberté, parole exprimée et reçue avec respect.

Comment contribuer à ce que celles et ceux qui construisent notre société ne soient pas écrasés par le commerce et la rivalité, mais cheminent ensemble vers une libération du cœur et un humanisme nouveau ? En développant ce projet de train, mais aussi en recourant à tous les moyens que tu utilises pour que le faible et le vulnérable soient respectés.

Quels sont les repères éthiques qu'il faut espérer réunir ? Je t'avoue que j'ai du mal, comme toi, face à ces personnes qui, avec une spiritualité de la main gauche, agissent de la droite en gestionnaires cyniques des marchés financiers. Tu décris là en partie la famille de Chiara di Offreduccio, devenue sainte Claire d'Assise. Claire voulait devenir disciple de François d'Assise. Elle s'est enfuie à dix-huit ans de sa famille, qui souhaitait pour elle un beau

1. Presses de la Renaissance, 2009.

mariage aristocratique. Elle désirait vivre comme François, dans la simplicité et la pauvreté évangélique. Ses oncles et ses cousins, sûrement profondément religieux, étaient allés la chercher pour la conduire de force chez ses parents et l'obliger à se soumettre aux usages aristocratiques de l'époque.

Il existe un abîme entre la culture ambiante, avec ses désirs de performance, d'excellence et d'apparence (la « tyrannie de la normalité »), et la possibilité d'un humanisme où chaque personne, quels que soient son milieu, sa race et son handicap, puisse trouver librement sa place. Cet abîme s'exprime parfois par ceux qui manifestent dans la rue pour la vie, la vie proclamée sacrée, mais qui ne font rien pour aimer, soutenir et rencontrer l'enfant affecté d'un handicap, une fois sorti du sein de la mère. Bien sûr, je suis pour la vie, je crois à l'intégrité de chaque être humain, même du plus faible, mais je crois aussi à l'importance d'être cohérent et de trouver une unité entre parole, pensée et vie.

Je suis touché quand tu avoues être parfois agacée par mon sourire et « mes généreux remerciements au Destin ». Tu n'es sûrement pas la seule à être agacée par mes réactions. Chacun de nous, avec son histoire, ses convictions, ses attitudes, son mode de vie, éveille attirance, indifférence ou agacement. Peut-être beaucoup de lecteurs de notre livre seront-ils comme toi. Ton agacement est peut-être signe que ton œil de lynx de psychanalyste soupçonne chez moi, derrière le sourire et les remerciements, quelque chose de non avoué. Tu n'as pas tort. Il y a en moi (et peut-être en chacun de nous) des esquives, des peurs, des préjugés, des choses cachées qu'on ne veut ou ne peut pas voir. Personnellement, je ne me sens pas le besoin d'aller plus loin dans ce travail sur moi-même. Maintenant que j'ai presque quatre-vingt-deux ans, c'est la descente dans la faiblesse et l'accueil de cette faiblesse qui vont accomplir ce travail. La grande faiblesse et les accidents qui mènent à la mort sont une rude école de vérité. Là, il n'y a plus rien à cacher !

Dans ton agacement, je lis peut-être aussi le soupçon de contradictions en moi. Nous sommes tous remplis de ces contradictions, nous sommes tiraillés dans des directions différentes. Il existe en moi une attirance pour les vulnérables, pour leur révéler leur valeur et les relever, mais aussi une recherche plus ou moins consciente, plus ou moins avouée d'être reconnu pour cela, d'être applaudi. Oui, quelle contradiction : rechercher inconsciemment la gloire en allant vers les « non-glorieux ». Quelle folie !

Je t'avoue que, malgré la « nouvelle jeunesse » que tu espères voir naître en moi après mon opération de la cataracte, je n'ai plus de troupes à envoyer aux quatre coins de l'univers. Je n'ai plus de responsabilité ni dans ma communauté, ni dans l'Arche internationale, ni dans « Foi et Lumière ». Je ne voyage plus hors de l'Hexagone, sauf ici, à Orval, et en France seulement pour quelques conférences ici et là.

Je n'ai pas eu de mal à quitter ces rôles et ces responsabilités, et à ne plus voyager. J'ai pris le risque d'entrer dans la marine à partir d'un puissant désir intérieur, quand j'avais treize ans ; j'ai pris le risque de quitter la marine, poussé par un autre désir, à vingt et un ans ; j'ai enfin pris le risque de jeter les bases de l'Arche, sans savoir où cela me conduirait, à trente-six ans. De même ai-je pris le risque, il y a quelques années, de ne pas rester aux commandes de l'Arche et de « Foi et Lumière ». C'était un risque à prendre pour retrouver un nouveau style de vie. Je l'ai trouvé dans mon foyer et ma communauté, avec ceux et celles que j'avais accueillis, pour certains, il y a plus de quarante ans. Cette vie communautaire m'apporte aujourd'hui beaucoup de joie. Les fêtes, les anniversaires, les départs et les arrivées, Noël, sont de grands moments de joie partagés par des hommes et des femmes très différents de par leurs origines, leur religion ou leur absence de religion, leurs difficultés visibles ou invisibles, des êtres qui peuvent non seulement vivre ensemble, mais célébrer la vie ensemble : signe que la rivalité n'est pas une fatalité, et que la paix est possible.

Je voudrais que ma vie à l'Arche soit le signe d'une voie alternative : au-delà de la normalité, des performances individuelles, du besoin d'excellence, se dessine un autre chemin. L'être humain est fait pour vivre humainement, tout simplement. Nous sommes issus de la terre et nous retournerons à la terre. Temps de forces et de réussites, temps aussi de faiblesses, de deuils et de maladies. Certes, il est important que chacun développe son potentiel et soit reconnu comme unique. Vivre différemment, c'est vivre la fidélité à la vie relationnelle, souvent en aidant d'autres à goûter la vie dans les très petites choses. Une des assistantes de l'Arche, éprise du dialogue interreligieux, est allée vivre une année au Maroc au sein d'une famille musulmane : la vie quotidienne, avec la cuisine, le ménage, les repas, l'usage de la même salle de bains, les sorties, tout cela a créé un dialogue interreligieux qui est devenu source de vie. C'est ainsi que l'on découvre avec l'autre une vraie complicité et une vraie présence. C'est cela, la vie à Trosly-Breuil.

N'ayant plus de responsabilités dans l'organisation de l'Arche et de Foi et Lumière, je me sens plus libre. J'ai le temps d'écouter les oiseaux, de me reposer, de prier, de lire, pas tellement Voltaire (plutôt

Shakespeare), et surtout Jean, auteur du quatrième Évangile. Là, je me régale ! Cet homme semble composer une poésie qui jaillit de la terre, de rencontres corporelles avec Jésus, pour aboutir à la clarté de la lumière, celle du Ciel. Il nous fait cheminer à travers l'humilité, la soif de vérité et la souffrance, pour accéder à un nouveau souffle. On ne peut lire Jean sans s'enraciner en ce qui a formé son cœur et son intelligence : les grands prophètes du premier Testament, Isaïe, Ézéchiel, Jérémie, jusqu'à Zacharie et surtout Jésus dont il fut le disciple aimé. C'est une nouvelle jeunesse où je retrouve l'enfant en moi-même. La vie à l'Arche me garde certes sur terre, la terre des recherches, des fêtes, des crises, des souffrances, de la mort et de tout ce qui fait la vie quotidienne, mais elle m'ouvre aussi à un épanouissement du cœur et de l'intelligence.

Si j'éprouve de la joie à vivre aujourd'hui, c'est aussi parce que je peux davantage parler de l'Évangile et de Jésus. À la Ferme, qui est un centre spirituel au cœur de l'Arche, ici, à Trosly, on organise ce qu'on appelle des retraites : des périodes de retrait pour des gens pris dans ce monde de compétence et de rivalité, de mouvement et de bruit ; pour des gens qui sont en quête de silence intérieur, d'un renouvellement de leur cœur et de leur esprit. Oui, j'aime communiquer ce que je vis et ai découvert.

Je crois bien que je ne t'ai jamais parlé du mouvement « Foi et Lumière ». Pourtant, il a jailli de ma vie à l'Arche et m'a beaucoup aidé à comprendre les parents des personnes en situation de handicap. Marie-Hélène Mathieu et moi l'avons fondé en 1971 en constatant que nombre de personnes pâtissant de difficultés sur le plan de la raison ne pouvaient se joindre aux pèlerinages diocésains à Lourdes. C'est ainsi que nous avons organisé un grand et vaste pèlerinage international auprès de la grotte de Lourdes. À Pâques 1971, nous nous sommes retrouvés à 12 000 : 4 000 personnes en situation de handicap, 4 000 parents et 4 000 amis. Nous avons passé cinq merveilleuses journées remplies de chants, de partage, de liturgie, de prières et de fête sur le parvis de la Basilique. Du jamais vu ! Les gens de Lourdes ont été pétrifiés de peur en entendant parler de cette grande entreprise avec ceux qu'ils appelaient les « fous », mais, au terme de ces cinq journées, tous avaient les bras grands ouverts et la joie au cœur. Une malédiction s'était transformée en bénédiction.

De la folie de ce pèlerinage (déconseillé par maintes personnes sages et prudentes) sont nées de multiples communautés. On en compte actuellement 1650, chacune composée de personnes en situation de handicap, de leurs parents et amis ; ils se retrouvent une ou plusieurs fois par mois. Des amitiés se tissent, des gens sortent de leur isolement et de leur tristesse. Chez beaucoup, la vie s'en trouve changée. Pendant de longues années, je suis restée avec Marie-Hélène Mathieu aux commandes de cette vaste organisation qui s'est implantée dans quatre-vingts pays sur les cinq continents. Ce qui m'a valu énormément de voyages aux fins de rencontrer les gens et soutenir les communautés. Je n'ose parler ici de « destin » en décrivant cette croissance de « Foi et Lumière », mais j'avoue que je suis émerveillé par ce mouvement qui s'étend à travers le monde sans faire de bruit. Les gens se proposent et les groupes se mettent en place parce que les besoins d'amitié et de compréhension sont profonds.

Je reconnais que ne plus pouvoir rencontrer et soutenir ces communautés à travers le monde m'a été assez difficile, mais ma joie de voir des responsables grandir au sein de l'Arche et de « Foi et

Lumière » pour guider ces communautés est encore plus grande. Trop d'hommes et de femmes politiques, et peut-être même de fondateurs, s'accrochent à leur pouvoir ! Ils ne réalisent pas que le monde et la société sont en train d'évoluer. Ce qui était vrai il y a trente ans n'est plus d'actualité aujourd'hui. La vie est comme un fleuve : retenir le pouvoir, c'est refuser le mouvement de la vie.

Je trouve que ceux et celles qui portent aujourd'hui la responsabilité de nos communautés (il y a maintenant 140 communautés de l'Arche à travers le monde) sont merveilleux. Ils guident l'ensemble comme je n'aurais pu le faire. L'Arche est nécessairement liée aux autorités régionales ou nationales dont nous recevons des subsides. Il n'est pas toujours aisé d'être subordonné à l'État, avec ses normes, et de préserver en même temps la spécificité de l'Arche, qui entend lier vie communautaire, spiritualité et désir d'être compétent, performant et professionnel. Quand j'ai créé l'Arche, en 1964, en accueillant deux hommes d'une institution plutôt fermée, je voulais aménager un lieu simple, familial, où ces deux hommes, et ceux qui suivraient, pourraient vivre le plus librement, le plus heureusement et le plus humainement possible, tout en développant leur potentiel. Avec le temps, l'Arche a été obligée de devenir une institution reconnue par les pouvoirs publics. Les responsables actuels ont instauré une structure qui répond aux besoins du monde actuel.

Je suis heureux qu'un chapitre de ma vie soit clos. Je suis heureux de vivre une nouvelle étape qui va me mener jusqu'à la plus grande faiblesse. J'espère que je ne « subirai » pas cette étape finale, mais que je l'accueillerai avec cette joie qui est la mienne en ce moment.

Merci, chère Julia, pour cette correspondance. J'espère qu'elle continuera sous une autre forme. Oui, tu as fait naître en moi un nouveau souffle de vie.

Jean.

ŒUVRES DE JULIA KRISTEVA

Aux éditions Fayard

Étrangers à nous-mêmes, 1988 (Folio « Essais » n° 156).
Les Samouraïs, roman, 1990 (Folio n° 2351).
Le Vieil Homme et les loups, roman, 1991 (Livre de Poche, 1996).
Les Nouvelles Maladies de l'âme, 1993 (Livre de Poche, 1997).
Meurtre à Byzance, 2004 (Livre de Poche, 2006).
Possessions, roman, 1996 (Livre de Poche, 2001).
Sens et non-sens de la révolte, 1996 (Livre de Poche, 1999).
La Révolte intime, 1997 (Livre de Poche, 2000).
Le Génie féminin, tome I, *Hannah Arendt*, 1999 (Folio « Essais » n° 432.
Le Génie féminin, tome II, *Melanie Klein*, 2000 (Folio « Essais » n°433.
Le Génie féminin, tome III, *Colette*, 2002 (Folio « Essais » n° 442.
Lettre ouverte au président de la République sur les citoyens en situation de handicap, à l'usage de ceux qui le sont et de ceux qui ne le sont pas, 2003.
La Haine et le Pardon, 2005.
Thérèse mon amour, 2008.

Aux éditions Gallimard, NRF

Soleil noir. Dépression et mélancolie, 1987 (Folio « Essais » n° 123, 1989).
Le Temps sensible. Proust et l'expérience littéraire, 1994 (Folio « Essais » n° 355, 2000).

Aux éditions Denoël, collection « L'Infini»

Histoires d'amour (Folio « Essais » n° 24, 1985).

Aux éditions du Seuil, collection « Tel Quel »

Semeiotikè. Recherches pour une sémanalyse, 1969, (« Points » n° 96, 1978).
La Révolution du langage poétique. L'avant-garde à la fin du XIXe siècle, Lautréamont et Mallarmé, 1974 (« Points » n° 174, 1985).
La Traversée des signes (ouvrage collectif), 1975.

Polylogue, 1977.
Folle Vérité (ouvrage collectif), 1979.
Le Langage, cet inconnu. Une initiation à la linguistique, 1969, (« Points » n° 125, 1981).
Pouvoirs de l'horreur. Essai sur l'abjection, 1980 (« Points » n° 152, 1983.

Chez d'autres éditeurs

Le Texte du roman. Approche sémiologique d'une structure discursive transformationnelle, La Haye, Mouton, 1970.
Des Chinoises, Des femmes, 1974, réédition Pauvert, 2001.
Au commencement était l'amour. Psychanalyse et foi, Hachette, « Textes du XXe siècle », 1985.
Le Féminin et le sacré, avec Catherine Clément, Stock, 1998.
L'Avenir d'une révolte, Calmann-Lévy, 1998.
Contre la dépression nationale, entretiens avec Ph. Petit, Textuel, 1998.
Au risque de la pensée, éditions de l'Aube, 2001.
Micropolitique, éditions de l'Aube, 2001.
Chroniques du temps sensible, éditions de l'Aube, 2003.
Seule une femme, éditions de l'Aube, 2007.
Cet incroyable besoin de croire, Bayard, 2007.

ŒUVRES DE JEAN VANIER

La Communauté, lieu de pardon et de fête, Fleurus, 1989.
Toute personne est une histoire sacrée, Plon, 1994.
Recherche la paix, Éditions Le Livre ouvert, 2003.
Entrer dans le mystère de Jésus, Bayard, 2005.
Homme et femme, Dieu les fit, Presses de la Renaissance, 2009.
Accueillir notre humanité, Presses de la Renaissance, 2010.
Le Goût du bonheur. Au fondement de la morale avec Aristote, Presses de la Renaissance, 2010.
Notre vie ensemble, Médiaspaul, 2010.

Photocomposition Nord Compo
Villeneuve-d'Ascq

Pour l'éditeur, le principe est d'utiliser des papiers composés de fibres naturelles, renouvelables, recyclables et fabriquées à partir de bois issu de forêts qui adoptent un système d'aménagement durable.
En outre, l'éditeur attend de ses fournisseurs de papier qu'ils s'inscrivent dans une démarche de certification environnementale reconnue.

Cet ouvrage a été imprimé
par CPI Firmin-Didot
Mesnil-sur-l'Estrée
pour le compte des Editions Fayard
en mars 2012

Dépôt légal : septembre 2011
N° d'édition : 36-57-0684-5/03 - N° d'impression : 110786
Imprimé en France